ВІД ТЕМРЯВИ ДО ПАНУВАННЯ: 40 днів, щоб вирватися з прихованих лещат Темряви

Глобальна молитва про усвідомлення, визволення та силу

Для окремих осіб, сімей та народів, готових до свободи

Від

Захаріяс Годсігл ; посол Мандей О. Огбе та Комфорт Ладі Огбе

Zacharias Godseagle; Ambassador Monday O. Ogbe and Comfort Ladi Ogbe

Зміст

Про книгу – ВІД ТЕМРЯВИ ДО ПАНУВАННЯ 1
Текст задньої обкладинки..4
Медіа-реклама з одного абзацу (преса/електронна пошта/анотація до реклами)..5
Присвята 7
Подяки 8
До читача 10
Як користуватися цією книгою 12
Передмова... 15
Передмова... 17
Вступ.. 18
РОЗДІЛ 1: ВИТОКИ ТЕМНОГО ЦАРСТВА....................... 21
РОЗДІЛ 2: ЯК ТЕМНЕ ЦАРСТВО ФУНКЦІОНУЄ СЬОГОДНІ 24
РОЗДІЛ 3: ТОЧКИ ВХІДУ – ЯК ЛЮДИ ЗАХОПЛЮЮТЬСЯ ... 27
РОЗДІЛ 4: ПРОЯВИ – ВІД ВОЛОДУВАННЯ ДО ОСОБЛИВОСТІ.. 29
РОЗДІЛ 5: СИЛА СЛОВА – АВТОРИТЕТ ВІРНИХ 31
ДЕНЬ 1: КРОВІ ТА ВОРОТА — РОЗРИВ СІМЕЙНИХ ЛАНЦЮГІВ 34
ДЕНЬ 2: ВТОРГИ СНІВ — КОЛИ НІЧ ПЕРЕТВОРЮЄТЬСЯ ПОЛЕМ БОЮ 37
ДЕНЬ 3: ДУХОВНЕ ПОРОДРУЖЖЯ — НЕСВЯТІ СОЮЗИ, ЩО ПОВ'ЯЗУЮТЬ ДОЛІ... 40
ДЕНЬ 4: ПРОКЛЯТІ ПРЕДМЕТИ – ДВЕРІ, ЯКІ ОСКВАНЧУЮТЬ 43
ДЕНЬ 5: ЗАЧАРОВАНІ ТА ОБМАНЕНІ — ЗВІЛЬНЕННЯ ВІД ДУХА ВОРОЖІННЯ... 46
ДЕНЬ 6: ВОРОТА ОКА – ЗАЧИНЯЄМО ПОРТАЛИ ТЕМРЯВИ.. 49
ДЕНЬ 7: СИЛА, ЩО ПРИХОВАНА ЗА ІМЕНАМИ — ВІДМОВА ВІД НЕСВЯТИХ ІДЕНТИФІКАЦІЙ 52

ДЕНЬ 8: ВИКЛИКАННЯ ХИБНОГО СВІТЛА — ПАСТОЧКИ НЬЮ-ЕЙДЖ ТА АНГЕЛЬСЬКІ ОБМАНИ 55

ДЕНЬ 9: ВІЛТАР КРОВІ — ЗАВІТИ, ЯКІ ВИМАГАЮТЬ ЖИТТЯ 58

ДЕНЬ 10: БЕЗПЛІДНІСТЬ ТА ЗЛАМА — КОЛИ УТРО СТАЄ ПОЛЕМ БОЮ 61

ДЕНЬ 11: АУТОІМУННІ РОЗЛАДИ ТА ХРОНІЧНА ВТОМА — НЕВИДИМА ВНУТРІШНЯ ВІЙНА 64

ДЕНЬ 12: ЕПІЛЕПСІЯ ТА ПСИХІЧНІ МУКИ — КОЛИ РОЗУМ СТАЄ ПОЛЕМ БОЮ 67

ДЕНЬ 13: ДУХ СТРАХУ — РОЗБИВАННЯ КЛІТКИ НЕВИДИМИХ МУК 70

ДЕНЬ 14: САТАНИНСЬКІ МАРКИ — СТЕРТТЯ НЕЧЕСТВЕНОГО ТАЙМА 73

ДЕНЬ 15: ЦАРСТВО ДЗЕРКАЛ — ВТЕЧА З В'ЯЗНИЦІ ВІДОБРАЖЕНЬ 77

ДЕНЬ 16: РОЗРИВАННЯ ПУТ СЛОВНИХ ПРОКЛЯТТІВ — ПОВЕРНЕННЯ СВОГО ІМ'Я, СВОГО МАЙБУТНЬОГО 81

ДЕНЬ 17: ЗВІЛЬНЕННЯ ВІД КОНТРОЛЮ ТА МАНІПУЛЯЦІЇ 85

ДЕНЬ 18: ЗЛАМАЄМО СИЛУ НЕПРОСТІННЯ ТА ГІРКОТИ 89

ДЕНЬ 19: ЗЦІЛЕННЯ ВІД СОРОМУ ТА ОСУДЖЕННЯ 92

ДЕНЬ 20: ДОМАШНЄ ЧАРІВСТВО — КОЛИ ТЕМРЯВА ЖИВЕ ПІД ОДНИМ ДАХОМ 95

ДЕНЬ 21: ДУХ ЄЗАВЕЛІ — СПОКУШАННЯ, КОНТРОЛЬ ТА РЕЛІГІЙНІ МАНІПУЛЯЦІЇ 99

ДЕНЬ 22: ПІТОНИ ТА МОЛИТВИ — ЗЛАМУЄМО ДУХ ОБМЕЖЕНЬ 103

ДЕНЬ 23: ПРЕСТОЛИ БЕЗЗАКОННИ — РУЙНУВАННЯ ТЕРИТОРІАЛЬНИХ ФОРТЕЦЬ 106

ДЕНЬ 24: ФРАГМЕНТИ ДУШІ — КОЛИ ЧАСТИНИ ТЕБЕ НЕМАЄ 109

ДЕНЬ 25: ПРОКЛЯТТЯ ДИВНИХ ДІТЕЙ — КОЛИ ДОЛІ ОБМІНЯЮТЬСЯ ПРИ НАРОДЖЕННІ 112

ДЕНЬ 26: ПРИХОВАНІ ВІЛЬТАРІ СИЛИ — ЗВІЛЬНЕННЯ ВІД ЕЛІТНИХ ОККУЛЬТИЧНИХ ЗАВІТІВ 116

ДЕНЬ 27: НЕЧЕСНІ АЛЬЯНСИ — МАСОНСТВО, ІЛЮМІНАТИ ТА ДУХОВНЕ ПРОНИКНЕННЯ 119

ДЕНЬ 28: КАБАЛА, ЕНЕРГЕТИЧНІ МЕРЕЖІ ТА ПРИВАБА МІСТИЧНОГО «СВІТЛА» 123

ДЕНЬ 29: ЗАВЕСА ІЛЮМІНАТІВ — РОЗКРИТТЯ ЕЛІТНИХ ОКУЛЬТНИХ МЕРЕЖ 126

ДЕНЬ 30: ШКОЛИ ТАЄМНИЦЬ — ДАВНІ ТАЄМНИЦІ, СУЧАСНЕ НЕВОЛЬСТВО 129

ДЕНЬ 31: КАБАЛА, СВЯЩЕННА ГЕОМЕТРІЯ ТА ЕЛІТНИЙ СВІТЛОВИЙ ОБМАН 133

ДЕНЬ 3 2: ЗМІЇВИЙ ДУХ ВСЕРЕДИНІ — КОЛИ ВИЗВОЛЕННЯ ПРИХОДИТЬ ЗАНАДТО ПІЗНО 138

ДЕНЬ 33: ЗМІЇВИЙ ДУХ ВСЕРЕДИНІ — КОЛИ ВИЗВОЛЕННЯ ПРИХОДИТЬ ЗАНАДТО ПІЗНО 142

ДЕНЬ 34: МАСОН, КОДЕКС ТА ПРОКЛЯТТЯ — Коли братерство стає рабством 146

ДЕНЬ 35: ВІДЬМИ НА ЛАВАХ — КОЛИ ЗЛО ВХОДИТЬ ЧЕРЕЗ ДВЕРІ ЦЕРКВИ...150

ДЕНЬ 36: ЗАКОДУВАНІ ЗАКЛИНИ — КОЛИ ПІСНІ, МОДА ТА ФІЛЬМИ СТАЮТЬ ПОРТАЛАМИ................................154

ДЕНЬ 37: НЕВИДИМІ ВІЛЬТАРІ ВЛАДИ — МАСОНАРІ, КАБАЛА ТА ОКУЛЬТНА ЕЛІТА 158

ДЕНЬ 38: ЗАВІТИ УТРОВИ ТА ВОДНІ ЦАРСТВА — КОЛИ ДОЛЯ СПОСЛУГНЮЄТЬСЯ ДО НАРОДЖЕННЯ 162

ДЕНЬ 39: ХРЕЩЕННЯ ВОДОМ У НЕВОЛЮ — ЯК НЕМОВЛЯТА, ІНІЦІАЛИ ТА НЕВИДИМІ ЗАВІТИ ВІДЧИНЯЮТЬ ДВЕРІ 166

ДЕНЬ 40: ВІД ПОРОЖЕНОГО ДО ПОРОЖНИКА — ТВІЙ БІЛЬ — ЦЕ ТВОЄ ПРИЗНАЧЕННЯ 171

360° ЩОДЕННЕ ПРОГОЛОШЕННЯ ПРО ВИЗВОЛЕННЯ ТА ПАНУВАННЯ – Частина 1 174

360° ЩОДЕННЕ ПРОГОЛОШЕННЯ ПРО ВИЗВОЛЕННЯ ТА ПАНУВАННЯ – Частина 2 176

360° ЩОДЕННЕ ПРОГОЛОШЕННЯ ПРО ВИЗВОЛЕННЯ ТА ПАНУВАННЯ - Частина 3 180

ВИСНОВОК: ВІД ВИЖИВАННЯ ДО СИНІВСТВА — ЗАЛИШАТИСЯ ВІЛЬНИМ, ЖИТИ ВІЛЬНО, ДАВАТИ ІНШИМ ВІЛЬНИМИ..184

   Як народитися знову та розпочати нове життя з Христом................187

   Моя мить спасіння 189

   Свідоцтво про нове життя у Христі...190

ЗВ'ЯЖІТЬСЯ З МІНІСТЕРСТВАМИ "БОЖИЙ ОРЕЛ" 191

РЕКОМЕНДОВАНІ КНИГИ ТА РЕСУРСИ.................................193

   ДОДАТОК 1: Молитва для розпізнавання прихованого чаклунства, окультних практик або дивних вівтарів у церкві..........................207

   ДОДАТОК 2: Протокол відмови від медіа та очищення.................208

   ДОДАТОК 3: Масонство, Каббала, Кундаліні, Чаклунство, Сценарій окультного зречення..209

   ДОДАТОК 4: Посібник з активації олії помазання.........................210

   ДОДАТОК 6: Відеоресурси зі свідченнями для духовного зростання..212

   З цим не можна гратися...213

Сторінка авторських прав

ВІД ТЕМРЯВИ ДО ПАНУВАННЯ: 40 днів, щоб звільнитися від прихованих лещат темряви – Глобальна молитва про усвідомлення, визволення та силу.

Автор: Захарій Годсігл, Comfort Ladi Огбе та посол Мондей О. Огбе

Авторське право © 2025 належить **Захаріасу Годсіглу та служінню «God's Eagle Ministries»** – GEM.

Усі права захищено.

Жодну частину цієї публікації не можна відтворювати, зберігати в системі пошуку або передавати в будь-якій формі чи будь-якими засобами — електронними, механічними, фотокопіюванням, записом, скануванням чи іншими — без попереднього письмового дозволу видавців, за винятком випадків коротких цитат, що містяться в критичних статтях чи оглядах.

Ця книга є науково-популярним та релігійним твором. Деякі імена та ідентифікаційні дані змінено з міркувань конфіденційності, де це було необхідно.

Цитати з Писання взяті з:

- *«Новий Живий Переклад» (NLT)*, © 1996, 2004, 2015 Фондом Tyndale House. Використовується з дозволу. Усі права захищено.

Дизайн обкладинки від GEM TEAM
Дизайн інтер'єру від GEM TEAM
Видано:
Захаріас Годсігл та служіння «God's Eagle Ministries» – GEM
www.otakada.org [1] | ambassador@otakada.org
Перше видання, 2025 р.
Надруковано у Сполучених Штатах Америки

---

1. http://www.otakada.org

Про книгу – ВІД ТЕМРЯВИ ДО ПАНУВАННЯ

ВІД ТЕМРЯВИ ДО ПАНУВАННЯ: 40 днів, щоб звільнитися від прихованих лещат темряви - *Глобальний молитовник усвідомлення, визволення та сили - для окремих осіб, сімей та народів, готових до свободи* це не просто молитва — це 40-денна глобальна зустріч визволення для **президентів, прем'єр-міністрів, пасторів, церковних працівників, генеральних директорів, батьків, підлітків та кожного віруючого**, хто відмовляється жити в тихій поразці.

Цей потужний 40-денний роздум стосується *духовної війни, звільнення від вівтарів предків, розриву душевних зв'язків, викриття окультизму та свідчень з усього світу від колишніх відьом, колишніх сатаністів* та тих, хто подолав сили темряви.

Незалежно від того, чи ви **керуєте країною**, є **пастором церкви**, **ведете бізнес** чи **боретеся за свою сім'ю в молитовній коміричні**, ця книга викриє те, що було приховано, протистоїть тому, що було ігноровано, та дасть вам сили звільнитися.

40-денний глобальний молитовник, присвячений усвідомленню, визволенню та силі

На цих сторінках ви зіткнетеся з:

- Прокляття родоводу та заповіти предків
- Духи-подружжя, морські духи та астральні маніпуляції
- Масонство, Каббала, пробудження кундаліні та вівтарі чаклунства
- Посвячення дітей, пренатальні посвячення та демонічні носії
- Проникнення ЗМІ, сексуальна травма та фрагментація душі
- Таємні товариства, демонічний штучний інтелект та фальшиві

рухи відродження

Кожен день включає:
- *Реальну історію або глобальну модель*
- *Роздуми на основі Святого Письма*
- *Групові та особисті застосування*
- *Молитву визволення + щоденник роздумів*

Ця книга для вас, якщо ви:

- Президент **або політик,** який прагне духовної ясності та захисту для своєї країни
- Пастор , **посередник або церковний працівник** бореться з невидимими силами, що протистоять зростанню та чистоті
- Генеральний **директор або бізнес-лідер** стикається з незрозумілою війною та саботажем
- Підліток **або студент,** якого мучать сни, муки або дивні події
- Батько **або опікун,** який помічає духовні закономірності у вашій кровній лінії
- Християнський **лідер,** втомлений нескінченними молитовними циклами без жодного прориву
- Або просто **віруючий,** готовий перейти від виживання до переможного панування

Чому саме ця книга?

Бо в часи, коли темрява носить маску світла, **визволення більше не є необов'язковим** .

А **влада належить поінформованим, оснащеним і тим, хто здався** .

Автори: Захаріас Годсігл , посол Мандей О. Огбе та Комфорт Ладі Огбе , це більше, ніж просто повчання — це **глобальний заклик до пробудження** для Церкви, сім'ї та народів, щоб вони повстали та давали відсіч — не в страху, а в **мудрості та владі** .

Ви не можете навчати тому, чого ви не досягли. І ви не можете панувати, доки не звільнитеся з лап темряви.

Розірвіть цикли. Зіткніться з прихованим. Поверніть свою долю — день за днем.

Текст задньої обкладинки

ВІД ТЕМРЯВИ ДО ПАНУВАННЯ
40 днів, щоб звільнитися від прихованих лещат Темряви
Глобальна молитва усвідомлення, визволення та сили

Ви **президент**, **пастор**, **батько** чи **віруючий, який молиться,** — і відчайдушно прагнете тривалої свободи та прориву?

Це не просто молитва. Це 40-денна глобальна подорож через невидимі поля битв **заповітів предків, окультного рабства, морських духів, фрагментації душі, проникнення медіа тощо**. Кожен день розкриває реальні свідчення, глобальні прояви та дієві стратегії визволення.

Ви відкриєте:

- Як відчиняються духовні ворота — і як їх зачиняють
- Приховане коріння повторюваних зволікань, мук та рабства
- Потужні щоденні молитви, роздуми та групові програми
- Як досягти **панування**, а не просто визволення

Від **вівтарів чаклунства** в Африці до **обману епохи Нью-Ейдж** у Північній Америці… від **таємних товариств** у Європі до **кривавих заповітів** у Латинській Америці — **ця книга викриває все це**.

«**ВІД ТЕМРЯВИ ДО ПАНУВАННЯ**» – це ваша дорожня карта до свободи, написана для **пасторів, лідерів, сімей, підлітків, професіоналів, генеральних директорів** та всіх, хто втомився від циклічної війни без перемоги.

«Неможливо навчати тому, чого ти не досяг. І не можна панувати, доки не звільнишся з лап темряви».

Медіа-реклама з одного абзацу (преса/електронна пошта/анотація до реклами)

«ВІД ТЕМРЯВИ ДО ПАНУВАННЯ: 40 днів, щоб звільнитися з прихованих лещат Темряви» – це глобальна розповідь, яка викриває, як ворог проникає в життя, сім'ї та нації через вівтарі, кровні лінії, таємні товариства, окультні ритуали та щоденні компроміси. З історіями з кожного континенту та перевіреними в боях стратегіями визволення, ця книга призначена для президентів і пасторів, генеральних директорів і підлітків, домогосподарок і духовних воїнів – усіх, хто відчайдушно прагне тривалої свободи. Вона не просто для читання – вона для розриву ланцюгів.

Пропоновані теги

- визволення, відданість
- духовна війна
- свідчення колишніх окультистів
- молитва та піст
- руйнування родових прокльонів
- свобода від темряви
- Християнський духовний авторитет
- морські духи
- обман кундаліні
- викриття таємних товариств
- 40-денне позбавлення

Хештеги для кампаній
#ТемряваДоДомініону
#ВизволенняМолитва

#РозірвиЛанцюги
#СвободаЧерезХриста
#ГлобальнеПробудження
#ВикритіПриховані Битви
#МолітьсяЩобВирватисяЗвільнитися
#КнигаПроДуховнуВійну
#ВідТемрявиДоСвітла
#ВладаЦарства
#БільшеНеволі
#СвідченняЕкОкульту
#ПопередженняКундаліні
#ВикритоМорськіДухи
#40ДнівСвободи

Присвята

До Того, Хто покликав нас із темряви до Свого дивного світла — **Ісуса Христа**, нашого Визволителя, Носія Світла і Царя Слави.

Для кожної душі, яка мовчки волає — у пастці невидимих кайданів, переслідувана снами, мучена голосами та бореться з темрявою в місцях, де ніхто не бачить — ця подорож для вас.

До **пасторів**, **заступників** і **вартових на стіні**,

До **матерів**, які моляться всю ніч, і **батьків**, які відмовляються здаватися,

До **хлопчика**, який бачить забагато, і **маленької дівчинки**, яка занадто рано позначена злом,

До **генеральних директорів**, **президентів** та **осіб, що приймають рішення,** що несуть невидимий тягар за державною владою,

До **церковного працівника**, який бореться з таємним рабством, і **духовного воїна**, який наважується чинити опір —

Це ваш заклик повстати.

А також дякуємо сміливцям, які поділилися своїми історіями. Ваші шрами тепер звільняють інших.

Нехай ця молитва освітить шлях крізь тіні та приведе багатьох до панування, зцілення та священного вогню.

Ви не забуті. Ви не безсилі. Ви народжені для свободи.

— *Захаріас Годсігл*, посол *Мондей О. Огбе та Комфорт Леді Огбе*

Подяки

Перш за все, ми визнаємо **Всемогутнього Бога — Отця, Сина і Святого Духа**, Автора Світла та Істини, який відкрив нам очі на невидимі битви за зачиненими дверима, завісами, кафедрами та платформами. Ісусу Христу, нашому Визволителю та Царю, ми віддаємо всю славу.

Хоробрим чоловікам і жінкам з усього світу, які поділилися своїми історіями мук, перемог і трансформації, — ваша мужність запалила глобальну хвилю свободи. Дякуємо, що порушили мовчання.

Служителям та вартовим на стіні, які працювали в таємних місцях — навчали, заступалися, визволяли та розпізнавали — ми шануємо вашу наполегливість. Ваша слухняність продовжує руйнувати твердині та викривати обман у високих місцях.

Нашим родинам, молитовним партнерам та командам підтримки, які були з нами, поки ми розкопували духовні руїни, щоб знайти істину, — дякуємо за вашу непохитну віру та терпіння.

Дослідникам, свідченням на YouTube, викривачам та воїнам королівства, які викривають темряву через свої платформи — ваша сміливість наповнила цю роботу розумінням, одкровенням та невідкладністю.

До **Тіла Христового**: ця книга також ваша. Нехай вона пробудить у вас святу рішучість бути пильними, проникливими та безстрашними. Ми пишемо не як експерти, а як свідки. Ми виступаємо не як судді, а як ті, хто викуплений.

І нарешті, до **читачів цього молитовного виступу** — шукачів, воїнів, пасторів, служителів визволення, тих, хто вижив, і тих, хто любить істину з кожної країни — нехай кожна сторінка дає вам сили рухатися **від темряви до панування**.

— Захаріас Годсігл
— Посол Мондей О. Огбе
— Комфорт Леді Огбе

До читача

Це не просто книга. Це заклик.

Заклик розкрити те, що довго було приховано — протистояти невидимим силам, що формують покоління, системи та душі. Незалежно від того, чи ви **молодий шукач**, **пастор, виснажений битвами, які ви не можете назвати**, **бізнес-лідер, який бореться з нічними жахами**, чи **глава держави, який стикається з невблаганною національною темрявою**, цей молитовник стане вашим **провідником з тіні**.

До **окремої людини**: Ви не божевільні. Те, що ви відчуваєте — у своїх снах, вашій атмосфері, вашому родоводі — справді може бути духовним. Бог — не просто цілитель; Він — визволитель.

Для **родини**: Ця 40-денна подорож допоможе вам визначити моделі поведінки, які давно мучать вашу кровну лінію — залежності, передчасні смерті, розлучення, безпліддя, душевні муки, раптова бідність — і надасть інструменти для їх подолання.

До **церковних лідерів та пасторів**: Нехай це пробудить глибше розпізнання та мужність, щоб протистояти духовному царству з кафедри, а не лише з подіуму. Визволення не є необов'язковим. Воно є частиною Великого Доручення.

Для **генеральних директорів, підприємців та професіоналів**: духовні завіти діють і в залах засідань. Присвятіть свій бізнес Богові. Зруйнуйте вівтарі предків, замасковані під ділову удачу, кровні пакти чи прихильність масонів. Будуйте чистими руками.

Вартовим **і заступникам**: Ваша пильність не була марною. Цей ресурс — зброя у ваших руках — для вашого міста, вашого регіону, вашої нації.

До **президентів та прем'єр-міністрів**, якщо це колись потрапить до вас на стіл: Націями керує не лише політика. Ними керують вівтарі — таємно чи публічно зведені. Доки не будуть вирішені приховані основи, мир залишатиметься недосяжним. Нехай цей молитовник спонукає вас до реформації поколінь.

До **юнака чи жінки,** які читають це у момент відчаю: Бог бачить тебе. Він обрав тебе. І Він витягує тебе — назавжди.

Це ваша подорож. Один день за раз. Один ланцюг за раз.

Від Темряви до Панування — це ваш час.

Як користуватися цією книгою

«**ВІД ТЕМРЯВИ ДО ПАНУВАННЯ: 40 днів, щоб звільнитися від прихованих лещат темряви**» – це більше, ніж просто молитва, це посібник зі звільнення, духовна детоксикація та навчальний табір для ведення війни. Незалежно від того, чи читаєте ви самостійно, з групою, в церкві чи як лідер, що веде інших, ось як отримати максимальну користь від цієї потужної 40-денної подорожі:

Щоденний ритм

Кожен день має послідовну структуру, яка допомагає вам задіяти дух, душу та тіло:

- **Головне набожне повчання** – тема одкровення, що викриває приховану темряву.
- **Глобальний контекст** – як цей оплот проявляється по всьому світу.
- **Історії з реального життя** – справжні випадки визволення з різних культур.
- **План дій** – Особисті духовні вправи, зречення або декларації.
- **Групове застосування** – Для використання в невеликих групах, сім'ях, церквах або командах з визволення.
- **Ключовий висновок** – зрозумілий висновок, який варто пам'ятати та за який варто молитися.
- **Щоденник рефлексій** – Запитання для глибокого осмислення кожної істини.
- **Молитва визволення** – цілеспрямована молитва духовної війни для руйнування твердинь.

Що вам знадобиться

- Ваша **Біблія**
- Спеціальний **щоденник або блокнот**
- **Олія помазання** (необов'язково, але дуже ефективна під час молитов)
- Готовність **поститися та молитися,** як веде Дух
- **Партнер з підзвітності або молитовна команда** для глибших випадків

Як використовувати з групами або церквами

- Зустрічайтеся **щодня або щотижня,** щоб обговорювати ідеї та разом проводити молитви.
- Заохочуйте учасників заповнювати **Щоденник рефлексій** перед груповими сесіями.
- Використовуйте розділ **«Групова заявка»**, щоб розпочати обговорення, сповідь або спільні моменти визволення.
- Призначити навчених лідерів для роботи з більш інтенсивними проявами.

Для пасторів, лідерів та служителів визволення

- Викладайте щоденні теми з кафедри або в школах визволення.
- Підготуйте свою команду до використання цього роздуму як посібника з консультування.
- Налаштуйте розділи за потреби для духовного картографування, зустрічей відродження або молитовних кампаній міста.

Додатки для вивчення

В кінці книги ви знайдете потужні додаткові ресурси, зокрема:

1. **Щоденне проголошення повного визволення** – промовляйте це вголос щоранку та щовечора.
2. **Посібник із відмови від медіа** – Очистіть своє життя від духовного забруднення в розвагах.
3. **Молитва про розпізнавання прихованих вівтарів у церквах** –

За заступників та церковних працівників.
4. **Масонство, Каббала, Кундаліні та сценарій зречення від окультизму** – Потужні молитви покаяння.
5. **Контрольний список масового визволення** – Використовуйте під час хрестових походів, домашніх спільнот або особистих реколекцій.
6. **Посилання на відео зі свідченнями**

Передмова

Йде війна — невидима, невисловлена, але люто реальна — вирує над душами чоловіків, жінок, дітей, сімей, громад і народів.

Ця книга народилася не з теорії, а з вогню. З плачучих кімнат визволення. Зі свідчень, що шепотіли в тінях і вигукували з дахів. З глибокого вивчення, всесвітнього заступництва та святого розчарування поверхневим християнством, яке не впорається з **корінням темряви,** що досі обплутує віруючих.

Занадто багато людей прийшли до хреста, але все ще тягнуть за собою кайдани. Занадто багато пасторів проповідують свободу, таємно мучачись демонами похоті, страху чи заповітів предків. Занадто багато сімей потрапили в пастку циклів — бідності, збочення, залежності, безпліддя, сорому — і **не знають чому**. І занадто багато церков уникають розмов про демонів, чаклунство, криваві вівтарі чи визволення, бо це «занадто інтенсивно».

Але Ісус не уникав темряви — Він **протистояв їй**.

Він не ігнорував демонів — Він **виганяв їх**.

І Він помер не лише для того, щоб простити вас — Він помер, щоб **звільнити вас**.

Цей 40-денний глобальний молитвослов — це не звичайне вивчення Біблії. Це **духовна операційна**. Щоденник свободи. Карта з пекла для тих, хто почувається застряглим між спасінням і справжньою свободою. Незалежно від того, чи ви підліток, зв'язаний порнографією, перша леді, яку мучать сни про змій, прем'єр-міністр, якого мучить почуття провини предків, пророк, який приховує таємне рабство, чи дитина, яка прокидається від демонічних снів — ця подорож для вас.

Ви знайдете історії з усього світу — Африки, Азії, Європи, Північної та Південної Америки — які підтверджують одну істину: **диявол не**

дивиться на обличчя . Але Бог також. І те, що Він зробив для інших, Він може зробити і для вас.

Ця книга написана для:

- **Особи,** які шукають особистого визволення
- **Сім'ї,** які потребують зцілення покоління
- **Пастори** та церковні працівники, які потребують оснащення
- **Бізнес-лідери** ведуть духовну війну на високих посадах
- **Народи** волають про справжнє відродження
- **Молодь** , яка несвідомо відчинила двері
- **Служителі визволення** , яким потрібна структура та стратегія
- І навіть **ті, хто не вірить у демонів** — доки не прочитають власну історію на цих сторінках

Ви будете напружені. Ви зіткнетеся з викликами. Але якщо ви залишитеся на шляху, ви також **змінитеся** .

Ти не просто звільнишся.

Ти ходитимеш **у пануванні** .

Почнемо.

— *Захаріас Годсіґл , посол Мандей О. Оґбе та Комфорт Ладі Оґбе*

Передмова

У народах відбувається хвилювання. Трясіння в духовному світі. Від кафедр до парламентів, від віталень до підпільних церков, люди всюди прокидаються до моторошної правди: ми недооцінили вплив ворога — і ми неправильно зрозуміли владу, яку ми маємо у Христі.

«Від темряви до панування» – це не просто молитва; це заклик до роздумів. Пророчий посібник. Рятувальне коло для страждених, зв'язаних та щирого віруючого, який запитує: «Чому я досі в кайданах?»

Як людина, яка була свідком відродження та визволення в різних країнах, я знаю з власного досвіду, що Церкві не бракує знань — нам бракує духовної **усвідомленості**, **сміливості** та **дисципліни**. Ця робота долає цей розрив. Вона поєднує глобальні свідчення, гостру істину, практичні дії та силу хреста в 40-денну подорож, яка струсить пил із сплячих життів і запалить вогонь у стомлених.

Для пастора, який наважується протистояти вівтарям, для молодої людини, яка мовчки бореться з демонічними снами, для власника бізнесу, заплутаного в невидимих заповітах, і для лідера, який знає, що щось *духовно не так*, але не може цього назвати — ця книга для вас.

Я закликаю вас не читати це пасивно. Нехай кожна сторінка пробуджує ваш дух. Нехай кожна історія народжує війну. Нехай кожне твердження навчає ваші уста говорити вогнем. А коли ви пройдете ці 40 днів, не просто святкуйте свою свободу — станьте посудиною для свободи інших.

Бо справжнє панування — це не просто втеча від темряви...
Це повернення та перетягування інших до світла.

У Христовій владі та силі,
Посол Огбе

Вступ

ВІД ТЕМРЯВИ ДО ПАНУВАННЯ: 40 днів, щоб звільнитися з прихованих лещат Темряви – це не просто чергова молитва, це глобальний заклик до пробудження.

По всьому світу — від сільських сіл до президентських палаців, від церковних вівтарів до залів засідань — чоловіки та жінки прагнуть свободи. Не просто спасіння. **Визволення. Ясності. Прориву. Цілісності. Миру. Сили.**

Але правда в тому, що неможливо позбутися того, що ви терпите. Неможливо звільнитися від того, чого ви не бачите. Ця книга — ваше світло в цій темряві.

Протягом 40 днів ви проходитимете через учення, історії, свідчення та стратегічні дії, які викривають приховані дії темряви та надають вам сили для подолання — духу, душі та тіла.

Незалежно від того, чи ви пастор, генеральний директор, місіонер, посередник, підліток, мати чи глава держави, зміст цієї книги зіткнеться з вами. Не для того, щоб вас засоромити, а щоб звільнити вас і підготувати вас вести інших до свободи.

Це **глобальне молитовне служіння усвідомленню, визволенню та силі** — вкорінене в Святому Письмі, загострене реальними життєвими розповідями та просякнуте кров'ю Ісуса.

Як використовувати цей молитовник

1. **Почніть з 5 основоположних розділів.**
   Ці розділи закладають основу. Не пропускайте їх. Вони допоможуть вам зрозуміти духовну архітектуру темряви та владу, дану вам, щоб піднятися над нею.
2. **Пройдіть кожен день цілеспрямовано.**
   Кожен щоденний запис містить основну тему, глобальні прояви,

реальну історію, уривки з Писання, план дій, ідеї для групового застосування, ключові думки, підказки для щоденника та потужну молитву.

3. **Завершуйте кожен день щоденною декларацією на 360°.**
   Ця потужна декларація, що знаходиться в кінці цієї книги, покликана зміцнити вашу свободу та захистити ваші духовні ворота.

4. **Використовуйте це самостійно чи в групах.**
   Незалежно від того, чи проходите ви через це індивідуально, чи в групі, домашньому спілкуванні, команді заступників чи служінні визволення, дозвольте Святому Духу керувати темпом та персоналізувати план битви.

5. **Очікуйте опору — і Проривний**
   Опір прийде. Але так само прийде і свобода. Визволення — це процес, і Ісус прагне пройти його разом з вами.

ОСНОВНІ РОЗДІЛИ (Прочитайте до 1-го дня)

1. Витоки Темного Королівства
Від повстання Люцифера до появи демонічних ієрархій та територіальних духів, цей розділ простежує біблійну та духовну історію темряви. Розуміння того, де вона почалася, допомагає вам зрозуміти, як вона діє.

2. Як Темне Царство функціонує сьогодні
Від завітів і кривавих жертвоприношень до вівтарів, морських духів і технологічного проникнення, цей розділ розкриває сучасні обличчя стародавніх духів, зокрема те, як медіа, тренди та навіть релігія можуть служити камуфляжем.

3. Точки входу: як люди підсідають
Ніхто не народжується в рабстві випадково. У цьому розділі розглядаються такі шляхи, як травма, вівтарі предків, викриття чаклунства, зв'язки душі, окультна цікавість, масонство, хибна духовність та культурні практики.

4. Прояви: від одержимості до одержимості

Як виглядає рабство? Від нічних кошмарів до затримки шлюбу, безпліддя, залежності, люті та навіть «святого сміху» – цей розділ розповідає, як демони маскуються під проблеми, дари чи особистості.

5. Сила Слова: Авторитет віруючих

Перш ніж ми розпочнемо 40-денну війну, ви повинні зрозуміти свої законні права у Христі. Цей розділ озброїть вас духовними законами, зброєю війни, біблійними протоколами та мовою визволення.

ОСТАННЄ ЗАХВАТ ПЕРЕД ПОЧАТКОМ

Бог не кличе тебе *керувати* темрявою.

Він кличе тебе **панувати над** нею.

Не силою, не міццю, а Його Духом.

Нехай ці наступні 40 днів будуть чимось більшим, ніж просто молитвою.

Нехай це будуть похорони кожного вівтаря, який колись контролював вас... і коронація у долю, призначену вам Богом.

Ваша подорож домініону починається зараз.

РОЗДІЛ 1: ВИТОКИ ТЕМНОГО ЦАРСТВА

» *Бо наша боротьба не проти крові та тіла, але проти начальств, проти властей, проти світоправителів темряви цього світу, проти духовних сил злоби в небесних місцях».* — Ефесян 6:12

Задовго до того, як людство вийшло на сцену часу, на небесах спалахнула невидима війна. Це була не війна мечів чи зброї, а бунт — державна зрада проти святості та влади Всевишнього Бога. Біблія розкриває цю таємницю через різні уривки, що натякають на падіння одного з найпрекрасніших ангелів Божих — **Люцифера**, сяючого, — який наважився піднести себе над престолом Бога (Ісаї 14:12–15, Єзекіїля 28:12–17).

Цей космічний бунт породив **Темне Царство** — царство духовного опору та обману, що складається з падших ангелів (тепер демонів), князівств та сил, об'єднаних проти Божої волі та Божого народу.

Падіння та становлення темряви

ЛЮЦИФЕР НЕ ЗАВЖДИ БУВ злим. Він був створений досконалим у мудрості та красі. Але гординя проникла в його серце, і гординя перетворилася на бунт. Він обманув третину небесних ангелів, щоб ті пішли за ним (Об'явлення 12:4), і вони були скинуті з небес. Їхня ненависть до людства кориниться в заздрості, бо людство було створено за образом Божим і йому було дано владу.

Так почалася війна між **Царством Світла** та **Царством Темряви** — невидимий конфлікт, який торкається кожної душі, кожного дому та кожної нації.

Глобальне вираження Темного Королівства

ХОЧА Й НЕВИДИМИЙ, ВПЛИВ цього темного царства глибоко вкорінений у:

- **Культурні традиції** (поклоніння предкам, криваві жертвопринесення, таємні товариства)
- **Розваги** (підсвідомі повідомлення, окультна музика та шоу)
- **Управління** (корупція, криваві пакти, клятви)
- **Технології** (інструменти для залежності, контролю, маніпулювання свідомістю)
- **Освіта** (гуманізм, релятивізм, хибне просвітництво)

Від африканського джуджу до західного містицизму нью-ейдж, від поклоніння джинам на Близькому Сході до південноамериканського шаманізму, форми відрізняються, але **дух той самий** — обман, панування та руйнування.

Чому ця книга важлива зараз

НАЙБІЛЬШИЙ ТРЮК САТАНИ полягає в тому, щоб змусити людей повірити, що його не існує, або, що ще гірше, що його шляхи нешкідливі.

Цей посібник з **духовного інтелекту** — він знімає завісу, викриває його схеми та надає віруючим на всіх континентах можливості:

- **Розпізнавання** точок входу
- **Відмовтеся від** прихованих заповітів
- **Опір** з владою
- **Повернути** вкрадене

Ти народився в битві

ЦЕ НЕ МОЛИТВА ДЛЯ ЛЮДЕЙ зі слабкими нервами. Ви народилися на полі бою, а не на дитячому майданчику. Але є гарна новина: **Ісус уже виграв війну!**

«Він роззброїв правителів та владу, засоромив їх, перемігши їх у Собі» — Колосян 2:15

Ти не жертва. Ти більше, ніж переможець через Христа. Давайте викриємо темряву — і сміливо підемо до світла.

Ключова інформація

Джерелом темряви є гординя, бунт і відкидання Божого правління. Це ж насіння досі діє в серцях людей і систем. Щоб зрозуміти духовну війну, ми повинні спочатку зрозуміти, як почався бунт.

Щоденник рефлексій

- Чи я відкинув духовну війну як марновірство?
- Які культурні чи сімейні практики я нормалізував, що може бути пов'язано з давнім бунтом?
- Чи справді я розумію війну, в яку я потрапив?

Молитва просвітлення

Отче Небесний, відкрий мені приховане коріння бунту навколо мене та всередині мене. Викрий брехню темряви, яку я, можливо, прийняв несвідомо. Нехай Твоя істина сяє в кожному темному місці. Я обираю Царство Світла. Я обираю ходити в істині, силі та свободі. В ім'я Ісуса. Амінь.

РОЗДІЛ 2: ЯК ТЕМНЕ ЦАРСТВО ФУНКЦІОНУЄ СЬОГОДНІ

> *Щоб сатана не перехитрив нас, бо нам відомі його задуми».* — 2 Коринтян 2:11

Царство темряви не діє хаотично. Це добре організована, глибоко шарувата духовна інфраструктура, яка відображає військову стратегію. Її мета: проникнути, маніпулювати, контролювати та зрештою знищити. Так само, як Царство Боже має ранг і порядок (апостоли, пророки тощо), так само має й царство темряви — з начальствами, силами, правителями темряви та духовним злощастям у небесних місцях (Ефесян 6:12).

Темне Царство — це не міф. Це не фольклор чи релігійне марновірство. Це невидима, але реальна мережа духовних агентів, які маніпулюють системами, людьми і навіть церквами для виконання задумів Сатани. Хоча багато хто уявляє собі вила та червоні роги, реальне функціонування цього царства набагато витонченіше, систематичніше та зловісніше.

1. Обман – їхня валюта

Ворог торгує брехнею. Від Едемського саду (Буття 3) до сучасних філософій, тактика Сатани завжди оберталася навколо сіяння сумнівів у Божому Слові. Сьогодні обман проявляється у формі:

- *Вчення Нью-Ейдж, замасковані під просвітництво*
- *Окультні практики, замасковані під культурну гордість*
- *Чаклунство прославляється в музиці, фільмах, мультфільмах та трендах соціальних мереж*

Люди несвідомо беруть участь у ритуалах або споживають медіа, які відкривають духовні двері без розпізнавання.

2. Ієрархічна структура зла

Так само, як у Божому Царстві панує порядок, темне царство діє за певною ієрархією:

- **Князівства** – територіальні духи, що впливають на нації та уряди
- **Сили** – Агенти, що нав'язують зло через демонічні системи.
- **Правителі темряви** – координатори духовної сліпоти, ідолопоклонства, хибної релігії
- **Духовне зло у високих колах** – сутності елітного рівня, що впливають на світову культуру, багатство та технології

Кожен демон спеціалізується на певних завданнях — страх, залежність, сексуальні збочення, плутанина, гординя, розбрат.

3. Інструменти культурного контролю

Дияволу більше не потрібно з'являтися фізично. Тепер культура виконує всю важку роботу. Його стратегії сьогодні включають:

- **Підсвідомі повідомлення:** музика, шоу, реклама, повні прихованих символів та перевернутих повідомлень
- **Десенсибілізація:** повторне стикання з гріхом (насильство, оголеність, ненормативна лексика), доки це не стане «нормальним»
- **Методи контролю над свідомістю:** за допомогою медіагіпнозу, емоційних маніпуляцій та алгоритмів, що викликають залежність

Це не випадково. Це стратегії, спрямовані на послаблення моральних переконань, руйнування сімей та переосмислення істини.

4. Поколіннєві угоди та кровні лінії

Через сни, ритуали, присвяти чи родові угоди багато людей несвідомо пов'язані з темрявою. Сатана використовує це:

- Сімейні вівтарі та ідоли предків
- Церемонії іменування, що викликають духів
- Таємні сімейні гріхи чи прокляття, що передаються з покоління в покоління

Це відкриває юридичні підстави для страждань, доки заповіт не буде порушений кров'ю Ісуса.

5. Фальшиві чудеса, лжепророки

Темне Царство любить релігію, особливо якщо їй бракує істини та сили. Лжепророки, спокусливі духи та фальшиві чудеса обманюють маси:

«Бо сам сатана переодягається в ангела світла» — 2 Коринтян 11:14

Багато хто сьогодні слухає голоси, які лоскочуть їхні вуха, але сковують їхні душі.

Ключова інформація

Диявол не завжди голосний — іноді він шепоче, йдучи на компроміс. Найкраща тактика Темного Королівства — переконати людей, що вони вільні, водночас їх непомітно поневолювати.

Щоденник рефлексій:

- Де ви бачили такі операції у вашій громаді чи країні?
- Чи є шоу, музика, додатки чи ритуали, які ви нормалізували, але насправді можуть бути інструментами маніпуляції?

Молитва усвідомлення та покаяння:

Господи Ісусе, відкрий мої очі, щоб я міг побачити дії ворога. Викрий кожну брехню, в яку я повірив. Прости мені за кожні двері, які я відчинив, свідомо чи несвідомо. Я порушую угоду з темрявою та обираю Твою правду, Твою силу та Твою свободу. В ім'я Ісуса. Амінь.

РОЗДІЛ 3: ТОЧКИ ВХІДУ – ЯК ЛЮДИ ЗАХОПЛЮЮТЬСЯ

«*Не давайте дияволові місця для нападу»* — Ефесян 4:27

У кожній культурі, поколінні та домі є приховані отвори — ворота, через які проникає духовна темрява. Ці точки входу можуть спочатку здаватися нешкідливими: дитяча гра, сімейний ритуал, книга, фільм, невирішена травма. Але одного разу відчинені, вони стають законним ґрунтом для демонічного впливу.

Загальні точки входу

1. **Родовідні заповіти** – клятви предків, ритуали та ідолопоклонство, що передають доступ до злих духів.
2. **Раннє знайомство з окультизмом** – Як в історії *Лурдес Вальдівії* з Болівії, діти, які зазнали впливу чаклунства, спіритизму чи окультних ритуалів, часто стають духовно нестабільними.
3. **Медіа та музика** – Пісні та фільми, що прославляють темряву, чуттєвість чи бунт, можуть непомітно запрошувати духовний вплив.
4. **Травма та насильство** – сексуальне насильство, насильницька травма або відторгнення можуть розколоти душу, відкривши її для гнітючих духів.
5. **Сексуальний гріх та душевні зв'язки** – Незаконні сексуальні союзи часто створюють духовні зв'язки та перенесення духів.
6. **Нью-ейдж та хибна релігія** – кристали, йога, духовні провідники, гороскопи та «біле чаклунство» – це завуальовані запрошення.
7. **Гіркота та непрощення** – це дає демонічним духам законне право мучити (див. Матвія 18:34).

Глобальне свідчення: *Лурдес Вальдівія (Болівія)*

У віці лише 7 років Лурдес познайомилася з чаклунством завдяки своїй матері, яка давно займалася окультизмом. Її будинок був наповнений символами, кістками з кладовищ та магічними книгами. Вона пережила астральну проекцію, голоси та муки, перш ніж нарешті знайшла Ісуса та була звільнена. Її історія — одна з багатьох, яка доводить, як раннє знайомство з чаклунством та вплив поколінь відкривають двері до духовного рабства.

Довідка про Greater Exploits:

Історії про те, як люди несвідомо відчиняли двері, займаючись «нешкідливими» справами, — лише щоб потрапити в пастку темряви, — можна знайти у книгах *«Великі подвиги» 14* та *«Визволення від влади темряви»* (див. додаток).

Ключова інформація

Ворог рідко вривається всередину. Він чекає, поки відчинять двері. Те, що здається невинним, успадкованим або цікавим, іноді може бути саме тими воротами, які потрібні ворогові.

Щоденник рефлексій

- Які моменти в моєму житті могли послужити духовними відправними точками?
- Чи є «нешкідливі» традиції чи предмети, від яких мені потрібно відмовитися?
- Чи потрібно мені відмовитися від чогось зі свого минулого чи роду?

Молитва зречення

Отче, я зачиняю кожні двері, які я чи мої предки могли відчинити темряві. Я відмовляюся від усіх угод, душевних зв'язків та контактів з чимось нечестивим. Я розриваю кожен ланцюг кров'ю Ісуса. Я проголошую, що моє тіло, душа і дух належать тільки Христу. В ім'я Ісуса. Амінь.

РОЗДІЛ 4: ПРОЯВИ – ВІД ВОЛОДУВАННЯ ДО ОСОБЛИВОСТІ

«Коли нечистий дух вийде з людини, то блукає місцями безводними, шукаючи спокою, та не знаходить. Тоді каже: "Повернуся до дому, звідки вийшов"» — Матвія 12:43

Як тільки людина потрапляє під вплив темного царства, її прояви різняться залежно від рівня наданого демонічного доступу. Духовний ворог не задовольняється відвідуваннями — його кінцева мета — проживання та панування.

Рівні прояву

1. **Вплив** – Ворог отримує вплив через думки, емоції та рішення.
2. **Гніт** – це зовнішній тиск, тяжкість, плутанина та муки.
3. **Одержимість** – людина фіксується на темних думках або компульсивній поведінці.
4. **Одержимість** – у рідкісних, але реальних випадках демони вселяються та скасовують волю, голос чи тіло людини.

Ступінь прояву часто пов'язаний з глибиною духовного компромісу.

Глобальні тематичні дослідження прояву

- **Африка:** Випадки духовного чоловіка/дружини, божевілля, ритуального рабства.
- **Європа:** Гіпноз Нью-ейдж, астральна проекція та фрагментація розуму.
- **Азія:** зв'язки душ предків, пастки реінкарнації та обітниці кровної лінії.
- **Південна Америка:** шаманізм, духовні провідники, залежність

від екстрасенсорного читання.
- **Північна Америка:** Чаклунство в медіа, «нешкідливі» гороскопи, шлюзи речовин.
- **Близький Схід:** зустрічі з джинами, криваві клятви та пророчі підробки.

Кожен континент представляє свою унікальну маску тієї ж демонічної системи — і віруючі повинні навчитися розпізнавати ці знаки.

Поширені симптоми демонічної активності

- Повторювані нічні кошмари або сонний параліч
- Голоси або душевні муки
- Компульсивний гріх і повторне відступництво
- Незрозумілі хвороби, страх або лють
- Надприродна сила або знання
- Раптова відразу до духовних речей

Ключова інформація

Те, що ми називаємо «психічними», «емоційними» чи «медичними» проблемами, іноді може бути духовним. Не завжди, але досить часто, щоб розсудливість була вирішальною.

Щоденник рефлексій

- Чи помічав я повторювані труднощі, які здаються духовними за своєю природою?
- Чи існують у моїй родині покоління, що руйнують її?
- Які медіа, музику чи стосунки я впускаю у своє життя?

Молитва зречення

Господи Ісусе, я відмовляюся від кожної прихованої угоди, відчинених дверей і безбожного заповіту в моєму житті. Я розриваю зв'язки з усім, що не є Тебе — свідомо чи несвідомо. Я запрошую вогонь Святого Духа поглинути кожен слід темряви в моєму житті. Звільни мене повністю. У Твоє могутнє ім'я. Амінь.

РОЗДІЛ 5: СИЛА СЛОВА – АВТОРИТЕТ ВІРНИХ

« *Ось, Я даю вам владу наступати на змій та скорпіонів, і на всю силу ворожу, і ніщо вам не зашкодить».* — Луки 10:19 (KJV)

Багато віруючих живуть у страху темряви, бо не розуміють світла, яке несуть. Однак Святе Письмо показує, що Слово **Боже — це не просто меч (Ефесян 6:17)** , це вогонь (Єремії 23:29), молот, насіння і саме життя. У битві між світлом і темрявою ті, хто знає та проголошує Слово, ніколи не є жертвами.

Що це за сила?

Влада, яку мають віруючі, — це **делегована влада** . Як поліцейський із значком, ми стоїмо не на власних силах, а в **імені Ісуса** та через Слово Боже. Коли Ісус переміг сатану в пустелі, Він не кричав, не плакав і не панікував — Він просто сказав: *«Написано».*

Це зразок для всієї духовної війни.

Чому багато християн залишаються переможеними

1. **Невігластво** – вони не знають, що Слово говорить про їхню ідентичність.
2. **Мовчання** – Вони не проголошують Боже Слово над ситуаціями.
3. **Непослідовність** – вони живуть у циклах гріха, що підриває впевненість та доступ до всього.

Перемога полягає не в тому, щоб кричати голосніше; вона полягає в тому, **щоб вірити глибше та сміливо заявляти** .

Авторитет у дії – Глобальні історії

- **Нігерія:** Маленький хлопчик, який потрапив у пастку культизму,

був звільнений, коли його мати постійно намащувала його кімнату і щовечора читала Псалом 91.
- **Сполучені Штати:** Колишня віканка відмовилася від чаклунства після того, як її колега щодня протягом місяців тихо читала священні писання над її робочим місцем.
- **Індія:** Віруючий проголошував Ісаю 54:17, стикаючись із постійними атаками чорної магії — напади припинилися, і нападник зізнався.
- **Бразилія:** Жінка щоденно використовувала Римлянам 8 для подолання своїх суїцидальних думок і почала ходити в надприродному мирі.

Слово живе. Йому не потрібна наша досконалість, лише наша віра та сповідь.

Як володіти словом у війні

1. **Вивчіть напам'ять уривки з Писання**, пов'язані з ідентичністю, перемогою та захистом.
2. **Промовляйте Слово вголос**, особливо під час духовних нападів.
3. **Використовуйте це в молитві**, проголошуючи Божі обітниці щодо різних ситуацій.
4. **Постіться + Моліться,** тримаючи Слово як свій якір (Матвія 17:21).

Основоположні Писання для війни

- *2 Коринтян 10:3–5* – Руйнування твердинь
- *Ісая 54:17* – Жодна створена зброя не матиме успіху.
- *Луки 10:19* – Влада над ворогом
- *Псалом 91* – Божественний захист
- *Об'явлення 12:11* – Переможені кров'ю та свідченням

Ключова інформація

Слово Боже у ваших устах таке ж сильне, як і Слово в устах Бога — коли воно промовляється з вірою.

Щоденник рефлексій

- Чи знаю я свої духовні права як віруючий?
- На яких уривках з Писання я активно стою сьогодні?
- Чи дозволив я страху чи невігластву замовкнути мій авторитет?

Молитва про сповнення сили

Отче, відкрий мої очі на владу, яку я маю у Христі. Навчи мене сміливо та вірно володіти Твоїм Словом. Там, де я дозволив страху чи невігластву панувати, нехай прийде одкровення. Сьогодні я стою як дитина Божа, озброєний Мечем Духа. Я промовлятиму Слово. Я переможу. Я не боятимуся ворога, бо більший Той, Хто в мені. В ім'я Ісуса. Амінь.

ДЕНЬ 1: КРОВІ ТА ВОРОТА — РОЗРИВ СІМЕЙНИХ ЛАНЦЮГІВ

» *Наші батьки згрішили й немає їх, а ми несемо їхню кару»* — Плач Єремії 5:7

Можливо, ви врятовані, але ваш рід все ще має історію — і доки старі заповіти не будуть порушені, вони продовжують говорити.

На кожному континенті є приховані вівтарі, родові угоди, таємні обітниці та успадковані провини, які залишаються активними, доки їх не вирішать конкретно. Те, що почалося з прадідусів і прабабусь, може й досі вирішувати долі сучасних дітей.

Глобальні вирази

- **Африка** – сімейні боги, оракули, чаклунство, що передається з покоління в покоління, криваві жертвопринесення.
- **Азія** – поклоніння предкам, узи реінкарнації, ланцюги карми.
- **Латинська Америка** – сантерія, вівтарі смерті, шаманські криваві клятви.
- **Європа** – масонство, язичницьке коріння, пакти про кровне походження.
- **Північна Америка** – спадщина Нью-ейдж, масонське походження, окультні предмети.

Прокляття триває, доки хтось не встане і не скаже: «Геть!»

Глибше свідчення – Зцілення від коренів

Жінка із Західної Африки, прочитавши книгу *«Великі подвиги 14»*, зрозуміла, що її хронічні викидні та незрозумілі муки були пов'язані з посадою її дідуся як священика. Вона прийняла Христа багато років тому, але ніколи не мала справу з сімейними завітами.

Після трьох днів молитви та посту вона була змушена знищити певні сімейні реліквії та відмовитися від завітів, використовуючи Галатів 3:13. Того ж місяця вона завагітніла та виносила доношену дитину. Сьогодні вона веде інших у служінні зцілення та визволення.

Інший чоловік у Латинській Америці, згаданий у книзі « *Звільнений від влади темряви* », знайшов свободу, відмовившись від масонського прокляття, яке таємно передалося від його прадіда. Коли він почав застосовувати такі уривки з Писання, як Ісая 49:24–26, та молитися за визволення, його душевні муки припинилися, а в його домі відновився мир.

Ці історії не випадкові — це свідчення правди в дії.

План дій – сімейний інвентаризація

1. Запишіть усі відомі сімейні вірування, практики та зв'язки — релігійні, містичні чи таємні товариства.
2. Просіть Бога про одкровення прихованих вівтарів та пактів.
3. З молитвою знищіть та викиньте будь-які предмети, пов'язані з ідолопоклонством чи окультними практиками.
4. Постіться, як вказано, та використовуйте наведені нижче уривки з Писання, щоб порушити юридичну основу:
    - *Левит 26:40–42*
    - *Ісая 49:24–26*
    - *Галатів 3:13*

ГРУПОВЕ ОБГОВОРЕННЯ та застосування

- Які поширені сімейні практики часто ігноруються як нешкідливі, але можуть бути духовно небезпечними?
- Нехай учасники анонімно діляться (за потреби) будь-якими снами, предметами чи повторюваними циклами у своїй родовідній.
- Групова молитва зречення — кожна людина може назвати ім'я родини або питання, від якого відрікається.

Інструменти для служіння: Принесіть олію помазання. Запропонуйте причастя. Проведіть групу в молитві завіту заміни — присвячуючи кожну сімейну лінію Христу.

Ключова інформація

Народження знову рятує ваш дух. Порушення сімейних завітів зберігає вашу долю.

Щоденник рефлексій

- Що є в моїй родині? Що має припинитися у мені?
- Чи є в моєму домі предмети, імена чи традиції, від яких потрібно позбутися?
- Які двері відчинили мої предки, які мені тепер потрібно зачинити?

Молитва про звільнення

Господи Ісусе, дякую Тобі за Твою кров, яка говорить про краще. Сьогодні я відрікаюся від кожного прихованого вівтаря, сімейного заповіту та успадкованого рабства. Я розриваю кайдани своєї крові та проголошую, що я нове творіння. Моє життя, сім'я та доля тепер належать тільки Тобі. В ім'я Ісуса. Амінь.

ДЕНЬ 2: ВТОРГИ СНІВ — КОЛИ НІЧ ПЕРЕТВОРЮЄТЬСЯ ПОЛЕМ БОЮ

« *Коли люди спали, прийшов його ворог, посіяв кукіль між пшеницею та й пішов».* — Матвія 13:25

Для багатьох найбільша духовна війна відбувається не під час неспання — вона відбувається, коли вони сплять.

Сни — це не просто випадкова діяльність мозку. Це духовні портали, через які обмінюються попередженнями, атаками, угодами та долями. Ворог використовує сон як тихе поле битви, щоб сіяти страх, хтивість, плутанину та зволікання — і все це без опору, бо більшість людей не усвідомлюють цієї війни.

Глобальні вирази

- **Африка** – Духовні подружжя, змії, вживання їжі у снах, маскаради.
- **Азія** – зустрічі з предками, сни про смерть, кармічні муки.
- **Латинська Америка** – тваринні демони, тіні, сонний параліч.
- **Північна Америка** – астральна проекція, сни інопланетян, повторення травм.
- **Європа** – готичні прояви, сексуальні демони (інкуби/суккуби), фрагментація душ.

Якщо Сатана може контролювати ваші сни, він може впливати на вашу долю.

Свідчення – Від нічного жаху до миру

Молода жінка з Великої Британії написала електронного листа після прочитання статті *«Колишній сатаніст: Обмін Джеймсами»* . Вона розповіла, як роками її переслідували сни, в яких її переслідували, кусали собаки або вона спала з незнайомими чоловіками, а в реальному житті завжди траплялися невдачі. Її стосунки розпадалися, можливості працевлаштування зникали, і вона постійно почувалася виснаженою.

Завдяки посту та вивченню уривків з Писання, таких як Йов 33:14–18, вона виявила, що Бог часто говорить через сни, але так само робить і ворог. Вона почала намащувати голову олією, відкидати злі сни вголос після пробудження та вести щоденник снів. Поступово її сни ставали яснішими та спокійнішими. Сьогодні вона очолює групу підтримки для молодих жінок, які страждають від нападів сновидінь.

Нігерійський бізнесмен, прослухавши свідчення на YouTube, зрозумів, що його сон про те, як йому щовечора подають їжу, пов'язаний з чаклунством. Щоразу, коли він брав їжу уві сні, у його бізнесі щось йшло не так. Він навчився одразу відмовлятися від їжі уві сні, молитися різними мовами перед сном і тепер бачить натомість божественні стратегії та попередження.

План дій – Зміцніть свої нічні варти

1. **Перед сном:** Читайте вголос уривки з Писання. Поклоняйтеся. Намажте голову олією.
2. **Щоденник снів:** Записуйте кожен сон після пробудження — хороший чи поганий. Попросіть Святого Духа про тлумачення.
3. **Відмовитися та зректися:** Якщо сон пов'язаний із сексуальною активністю, померлими родичами, їжею або рабством — негайно відмовтеся від цього в молитві.
4. **Війна за Писання:**
   - *Псалом 4:8* — Спокійний сон
   - *Йов 33:14–18* — Бог говорить через сни
   - *Матвія 13:25* — Ворог сіє кукіль
   - *Ісая 54:17* — Немає зброї, створеної проти тебе

Групова заявка

- Поділіться нещодавніми снами анонімно. Нехай група розпізнає закономірності та значення.
- Навчіть членів Церкви, як відкидати злі сни словесно та

запечатувати хороші в молитві.
- Групова декларація: «Ми забороняємо демонічні дії у наших снах, в ім'я Ісуса!»

Інструменти служіння:

- Візьміть папір та ручки для запису снів.
- Продемонструйте, як намастити свій дім і ліжко.
- Принесіть причастя як печатку завіту на ніч.

Ключова інформація

Сни — це або ворота до божественних зустрічей, або демонічні пастки. Розсудливість — це ключ.

Щоденник рефлексій

- Які сни мені постійно снилися?
- Чи знаходжу я час, щоб поміркувати над своїми мріями?
- Чи мої сни попереджали мене про щось, що я ігнорував?

Молитва Нічної Варти

Отче, я присвячую свої сни Тобі. Нехай жодна зла сила не проникне в мій сон. Я відкидаю будь-який демонічний союз, сексуальне осквернення чи маніпуляції у своїх снах. Я отримую божественне відвідування, небесне навчання та ангельський захист, коли сплю. Нехай мої ночі будуть сповнені миром, одкровенням та силою. В ім'я Ісуса, амінь.

ДЕНЬ 3: ДУХОВНЕ ПОРОДРУЖЖЯ — НЕСВЯТІ СОЮЗИ, ЩО ПОВ'ЯЗУЮТЬ ДОЛІ

« *Бо Творець твій — чоловік твій, — Господь Всемогутній — Його ім'я...» — Ісая 54:5*

«Вони приносили в жертву своїх синів та своїх дочок демонам». — Псалом 106:37

Хоча багато хто прагне подружнього прориву, вони не усвідомлюють, що вже перебувають у **духовному шлюбі** — шлюбі, на який ніколи не давали згоди.

Це **завіти**, укладені через сни, розбещення, криваві ритуали, порнографію, клятви предків або демонічне перенесення. Дух-дружина — інкуб (чоловік) або сукуб (жінка) — отримує законне право на тіло, інтимну близькість та майбутнє людини, часто блокуючи стосунки, руйнуючи домівки, спричиняючи викидні та підживлюючи залежності.

Глобальні прояви

- **Африка** – морські духи (Мамі Вата), духи-дружини/чоловіки з водних царств.
- **Азія** – Небесні шлюби, кармічні прокляття споріднених душ, перевтілені подружжя.
- **Європа** – спілки чаклунів, демонічні коханці з масонства або друїдського коріння.
- **Латинська Америка** – шлюби в сантерії, любовні привороти, «духовні шлюби» на основі пактів.
- **Північна Америка** – духовні портали, спричинені порнографією, сексуальні духи Нью-Ейдж, викрадення інопланетянами як

прояви зустрічей з інкубами.

Реальні історії — Боротьба за подружню свободу
Толу, Нігерія.
Толу було 32 роки, і вона була самотня. Щоразу, коли вона заручалася, чоловік раптово зникав. Вона постійно мріяла про весілля на складних церемоніях. У книзі *«Великі подвиги 14»* вона усвідомила, що її випадок відповідає свідченню, яким там поділилися. Вона пройшла триденний піст і щовечірні молитви опівночі, розірвавши зв'язки душі та вигнавши морського духа, який полонив її. Сьогодні вона одружена та консультує інших.

Ліна, Філіппіни.
Ліна часто відчувала, як хтось її супроводжує вночі. Вона думала, що їй щось сниться, поки на її ногах і стегнах не почали з'являтися синці без жодних пояснень. Її пастор розпізнав духовного чоловіка/дружину. Вона зізналася в минулому, що зробила аборт і залежна від порнографії, а потім пройшла через звільнення. Тепер вона допомагає молодим жінкам виявляти подібні закономірності у своїй громаді.

План дій – Порушення Заповіту

1. **Сповідатися** та покаятися у сексуальних гріхах, зв'язках душі, окультному викритті або ритуалах предків.
2. **Відкинь** усі духовні шлюби в молитві — за іменем, якщо воно розкрите.
3. **Постіться** 3 дні (або за настановами), використовуючи Ісаю 54 та Псалом 18 як опорні уривки з Писання.
4. **Знищуйте** фізичні жетони: кільця, одяг або подарунки, пов'язані з колишніми коханими чи окультними зв'язками.
5. **Оголосіть голосно :**

Я не одружений з жодним духом. Я уклав завіт з Ісусом Христом. Я відкидаю будь-який демонічний союз у своєму тілі, душі та дусі!

Інструменти для вивчення Писання

- Ісая 54:4–8 – Бог як ваш справжній Чоловік

- Псалом 18 – Розриваючи пута смерті
- 1 Коринтян 6:15–20 – Ваше тіло належить Господу
- Осія 2:6–8 – Порушення безбожних заповітів

Групова заявка

- Запитайте учасників групи: Чи снилися вам коли-небудь весілля, секс з незнайомцями або тіньові фігури вночі?
- Очолити групове зречення духовних подружжя.
- Розіграйте роль «суду розлучень на небесах» — кожен учасник подає духовне розлучення перед Богом у молитві.
- Використовуйте олію помазання на голові, животі та ногах як символи очищення, розмноження та руху.

Ключова інформація

Демонічні шлюби реальні. Але немає такого духовного союзу, який не можна було б зруйнувати кров'ю Ісуса.

Щоденник рефлексій

- Чи мені снилися повторювані сни про шлюб або секс?
- Чи є у моєму житті моделі відмови, затримки або викидня?
- Чи готовий я повністю віддати своє тіло, сексуальність і майбутнє Богові?

Молитва про визволення

Небесний Отче, я каюся у кожному сексуальному гріху, відомому чи невідомому. Я відкидаю та зрікаюся кожного духовного чоловіка/дружини, морського духа чи окультного шлюбу, що забирають моє життя. Силою крові Ісуса я порушую кожен завіт, насіння мрії та зв'язок душі. Я проголошую, що я Наречена Христа, відокремлена для Його слави. Я ходжу вільною, в ім'я Ісуса. Амінь.

ДЕНЬ 4: ПРОКЛЯТІ ПРЕДМЕТИ – ДВЕРІ, ЯКІ ОСКВАНЧУЮТЬ

« *І не вноситимеш гидоти до дому свого, щоб не був проклятий, як вона».* — Повторення Закону 7:26

Прихований вхід, який багато хто ігнорує

Не кожна власність — це просто власність. Деякі речі несуть історію. Інші несуть духів. Прокляті предмети — це не лише ідоли чи артефакти — це можуть бути книги, ювелірні вироби, статуї, символи, подарунки, одяг або навіть успадковані сімейні реліквії, які колись були присвячені темним силам. Те, що лежить на вашій полиці, на вашому зап'ясті, на вашій стіні, — може бути самою точкою входу для мук у вашому житті.

Глобальні спостереження

- **Африка**: Калебаси, амулети та браслети, пов'язані з чаклунами або культом предків.
- **Азія**: Амулети, статуетки зодіаків та храмові сувеніри.
- **Латинська Америка**: намиста із сантерії, ляльки, свічки з написами духів.
- **Північна Америка**: карти Таро, дошки для спіритичних сеансів, ловці снів, пам'ятні речі жахів.
- **Європа**: язичницькі реліквії, окультні книги, аксесуари на тему відьом.

Подружжя в Європі раптово захворіло та відчуло духовний гніт після повернення з відпустки на Балі. Не підозрюючи про це, вони купили різьблену статую, присвячену місцевому морському божеству. Після молитви та роздумів вони витягли цю річ і спалили її. Мир одразу ж повернувся.

Інша жінка зі свідчень *«Великих подвигів»* повідомляла про незрозумілі кошмари, поки не з'ясувалося, що подароване намисто від її тітки насправді було пристроєм для духовного моніторингу, освяченим у святилищі.

Ви не лише очищаєте свій будинок фізично — ви також повинні очистити його духовно.

Свідчення: « Лялька, яка спостерігала за мною»

Лурдес Вальдівія, чию історію ми розглядали раніше з Південної Америки, одного разу отримала порцелянову ляльку під час сімейного свята. Її мати освятила її в окультному ритуалі. З ночі, коли її принесли до її кімнати, Лурдес почала чути голоси, відчувати сонний параліч і бачити фігури вночі.

Лише коли християнська подруга помолилася з нею, і Святий Дух відкрив походження ляльки, вона позбулася її. Демонічна присутність одразу ж зникла. Це почало її пробудження — від гноблення до визволення.

План дій – Аудит будинку та серця

1. **Пройдіться кожною кімнатою** у вашому домі з олією помазання та Словом.
2. **Попросіть Святого Духа** виділити предмети або дари, які не від Бога.
3. **Спалюйте або викидайте** предмети, пов'язані з окультизмом, ідолопоклонством чи аморальністю.
4. **Зачиніть усі двері** такими уривками з Писання, як:
   ◦ *Повторення Закону 7:26*
   ◦ *Дії 19:19*
   ◦ *2 Коринтян 6:16–18*

Групове обговорення та активація

- Поділіться будь-якими речами чи подарунками, які у вас колись були, але які мали незвичайний вплив на ваше життя.
- Створіть разом «Контрольний список прибирання будинку».
- Призначте партнерів для молитви через домашнє середовище

одне одного (з дозволу).
- Запросіть місцевого служителя визволення провести пророчу молитву про очищення дому.

Інструменти для служіння: олія помазання, музика для богослужіння, пакети для сміття (для справжньої утилізації) та вогнетривкий контейнер для предметів, що підлягають знищенню.

Ключова інформація

Те, що ви дозволяєте у своєму просторі, може дозволити духам увійти у ваше життя.

Щоденник рефлексій

- Які речі в моєму домі чи гардеробі мають неясне духовне походження?
- Чи тримався я за щось через сентиментальну цінність, від чого тепер мушу позбутися?
- Чи готовий я освятити свій простір для Святого Духа?

Молитва очищення

Господи Ісусе, я запрошую Твого Святого Духа викрити все в моєму домі, що не належить Тобі. Я відрікаюся від кожного проклятого предмета, дарунка чи речі, що були пов'язані з темрявою. Я оголошую свій дім святою землею. Нехай тут перебувають Твій мир і чистота. В ім'я Ісуса. Амінь.

ДЕНЬ 5: ЗАЧАРОВАНІ ТА ОБМАНЕНІ — ЗВІЛЬНЕННЯ ВІД ДУХА ВОРОЖІННЯ

« Ці люди — раби Всевишнього Бога, що звіщають нам дорогу спасіння». — *Дії 16:17 (NKJV)*

«А Павло, дуже обурившись, обернувся та й сказав духу: "Наказую тобі в Ім'я Ісуса Христа вийти з неї". І той вийшов тієї ж години». — *Дії 16:18*

Між пророцтвом і ворожінням існує тонка межа — і багато хто сьогодні перетинає її, навіть не усвідомлюючи цього.

Від пророків на YouTube, які стягують плату за «особисті слова», до тарологів у соціальних мережах, які цитують Святе Письмо, світ перетворився на ринок духовного шуму. І, на жаль, багато віруючих несвідомо п'ють воду із забруднених потоків.

Дух **ворожіння** наслідує Святого Духа. Він лестить, спокушає, маніпулює емоціями та заманює своїх жертв у павутиння контролю. Його мета? **Духовно обплутувати, обманювати та поневолити.**

Глобальні вирази ворожіння

- **Африка** – оракули, жерці Іфа, водяні медіуми, пророче шахрайство.
- **Азія** – ворожки по хіромантії, астрологи, провидці предків, «пророки» реінкарнації.
- **Латинська Америка** – пророки сантерії, чарівники, святі з темними силами.
- **Європа** – карти Таро, ясновидіння, кола медіумів, ченнелінг Нью-Ейдж.
- **Північна Америка** – «християнські» екстрасенси, нумерологія

в церквах, ангельські карти, духовні провідники, замасковані під Святого Духа.

Небезпечно не лише те, що вони кажуть, а й **дух,** що стоїть за цим.

Свідчення: Від ясновидця до Христа

Американка розповіла на YouTube, як вона пройшла шлях від «християнської пророчиці» до усвідомлення того, що діє під впливом духа ворожіння. Вона почала чітко бачити видіння, вимовляти детальні пророчі слова та збирати великі натовпи людей в Інтернеті. Але вона також боролася з депресією, нічними кошмарами та чула шепіт голосів після кожного сеансу.

Одного дня, дивлячись повчання з *Діянь 16* , у неї з шальок впала шалька. Вона зрозуміла, що ніколи не підкорялася Святому Духу — лише своєму дару. Після глибокого покаяння та звільнення вона знищила свої картки з ангелами та щоденник посту, наповнений ритуалами. Сьогодні вона проповідує Ісуса, а не «слова».

План дій – Випробування духів

1. Запитайте: Чи приваблює мене це слово/дар до **Христа** чи до **людини,** яка його дарує?
2. Випробовуйте кожного духа за допомогою *1 Івана 4:1–3*.
3. Покайтеся за будь-яку причетність до екстрасенсорних, окультних або фальшивих пророчих практик.
4. Розірвіть усі душевні зв'язки з лжепророками, віщунами чи наставниками чаклунства (навіть онлайн).
5. Заявляйте сміливо:

«Я відкидаю кожного духа неправди. Я належу лише Ісусу. Мої вуха налаштовані на Його голос!»

Групова заявка

- Обговоріть: Чи траплялося вам коли-небудь слідувати за пророком чи духовним наставником, який пізніше виявився хибним?
- Групова вправа: Спонукайте учасників відмовитися від певних

практик, таких як астрологія, читання душі, ігри екстрасенсорики або духовні впливові особи, які не вкорінені у Христі.
- Запросіть Святого Духа: Виділіть 10 хвилин для тиші та слухання. Потім поділіться тим, що Бог відкриває — якщо взагалі щось відкриває.
- Спаліть або видаліть цифрові/фізичні предмети, пов'язані з ворожінням, включаючи книги, програми, відео чи нотатки.

Інструменти служіння:

олія визволення, хрест (символ покори), сміттєвий бак/відро для викидання символічних предметів, музика для поклоніння, зосереджена на Святому Дусі.

Ключова інформація

Не все надприродне походить від Бога. Справжнє пророцтво випливає з близькості з Христом, а не з маніпуляцій чи видовищ.

Щоденник рефлексій

- Чи мене коли-небудь тягнуло до екстрасенсорних або маніпулятивних духовних практик?
- Чи я більше залежний від «слів», ніж від Слова Божого?
- Яким голосам я дав доступ, а тепер їх потрібно заглушити?

МОЛИТВА ПРО ВИЗВОЛЕННЯ

Отче, я не погоджуюся з кожним духом ворожіння, маніпуляції та фальшивого пророцтва. Я каюся за те, що шукав керівництва окрім Твого голосу. Очисти мій розум, мою душу та мій дух. Навчи мене ходити лише Твоїм Духом. Я зачиняю кожні двері, які я відчинив для окультизму, свідомо чи несвідомо. Я проголошую, що Ісус — мій Пастир, і я чую лише Його голос. В ім'я могутнього Ісуса, Амінь.

ДЕНЬ 6: ВОРОТА ОКА – ЗАЧИНЯЄМО ПОРТАЛИ ТЕМРЯВИ

«Око — то світильник для тіла. Якщо очі твої здорові, то й усе тіло твоє буде світле».
— *Матвія 6:22 (NIV)*

«Я не поставлю перед очима Моїми нічого несправедливого...» — *Псалом 101:3 (KJV)*

У духовному світі **ваші очі – це ворота**. Те, що входить через ваші очі, впливає на вашу душу – на чистоту чи забруднення. Ворог це знає. Ось чому медіа, зображення, порнографія, фільми жахів, окультні символи, модні тенденції та спокусливий контент стали полями битви.

Війна за вашу увагу – це війна за вашу душу.

Те, що багато хто вважає «нешкідливою розвагою», часто є закодоване запрошення — до похоті, страху, маніпуляцій, гордині, марнославства, бунту чи навіть демонічної прив'язаності.

Глобальні Шлюзи Візуальної Темряви

- **Африка** – ритуальні фільми, теми Ноллівуду, що нормалізують чаклунство та полігамію.
- **Азія** – аніме та манґа з духовними порталами, спокусливими духами, астральними подорожами.
- **Європа** – готична мода, фільми жахів, одержимість вампірами, сатанинське мистецтво.
- **Латинська Америка** – теленовели, що прославляють чаклунство, прокляття та помсту.
- **Північна Америка** – основні ЗМІ, музичні відео, порнографія, «милі» демонічні мультфільми.

Те, на що ви постійно дивитеся, призводить до втрати чутливості.

Оповідання: «Мультфільм, який прокляв мою дитину»

Мати зі США помітила, що її 5-річна дитина почала кричати вночі та малювати тривожні зображення. Після молитви Святий Дух вказав їй на мультфільм, який її син таємно дивився — мультфільм, сповнений заклинань, духів, що розмовляють, та символів, яких вона не помічала.

Вона видалила програми та помазала свій будинок і екрани. Після кількох ночей опівнічної молитви та читання 91-го Псалма напади припинилися, і хлопчик почав спокійно спати. Зараз вона очолює групу підтримки, яка допомагає батькам охороняти зорові ворота своїх дітей.

План дій – Очищення Очних Воріт

1. Проведіть **медіа-аудит** : що ви дивитеся? Читаєте? Гортаєте?
2. Скасуйте підписки або платформи, які годують вашу плоть, а не вашу віру.
3. Намажте свої очі та екрани, проголошуючи Псалом 101:3.
4. Замініть сміття благочестивим внеском — документальними фільмами, богослужіннями, чистими розвагами.
5. Заявити:

«Я не поставлю перед очима своїми нічого гидкого. Моє бачення належить Богові».

Групова заявка

- Завдання: 7-денний Eye Gate Fast — без токсичних медіафайлів, без простою прокручування.
- Поділитися: Який контент Святий Дух наказав вам припинити дивитися?
- Вправа: Покладіть руки на свої очі та відмовтеся від будь-якого осквернення через видіння (наприклад, порнографії, жахів, марнославства).
- Активність: Запросіть учасників видаляти програми, спалювати книги або викидати предмети, які псують їхній зір.

Інструменти: оливкова олія, додатки для підзвітності, заставки з Писаннями, молитовні картки «Око».

Ключова інформація
Ви не можете мати владу над демонами, якщо вони вас розважають.

Щоденник рефлексій

- Чим я годую свої очі, що, можливо, годує темряву в моєму житті?
- Коли я востаннє плакав над тим, що розбиває Боже серце?
- Чи я повністю контролював свій час перед екраном?

Молитва про чистоту
Господи Ісусе, я прошу, щоб Твоя кров омила мої очі. Прости мені те, що я дозволив собі через екрани, книги та уяву. Сьогодні я заявляю, що мої очі спрямовані на світло, а не на темряву. Я відкидаю кожен образ, похоть і вплив, що не від Тебе. Очисти мою душу. Бережи мій погляд. І дозволь мені бачити те, що бачиш Ти — у святості та істині. Амінь.

ДЕНЬ 7: СИЛА, ЩО ПРИХОВАНА ЗА ІМЕНАМИ — ВІДМОВА ВІД НЕСВЯТИХ ІДЕНТИФІКАЦІЙ

« ІЯбец кликнув до Бога Ізраїлевого, кажучи: "О, якби ж Ти справді благословив мене..." І Бог дав йому те, чого він просив."
— *1 Хронік 4:10*

«Ти вже не будеш кликатися Аврам, а Авраам...» — *Буття 17:5*

Імена — це не просто ярлики, це духовні заяви. У Святому Письмі імена часто відображали долю, особистість або навіть пут. Дати чомусь ім'я — означає надати йому ідентичності та напрямку. Ворог це розуміє — саме тому багато людей несвідомо опиняються в пастці імен, даних у невігластві, болі чи духовному путі.

Так само, як Бог змінював імена (Аврам на Авраама, Яків на Ізраїля, Сара на Сару), Він все ще змінює долі, перейменовуючи Свій народ.

Глобальні контексти іменного рабства

- **Африка** – дітей, названих на честь померлих предків або ідолів («Огбандже», «Діке», «Іфунанья» з певними значеннями).
- **Азія** – імена реінкарнації, пов'язані з кармічними циклами або божествами.
- **Європа** – імена, що сягають корінням у язичницьку або чаклунську спадщину (наприклад, Фрея, Тор, Мерлін).
- **Латинська Америка** – імена, що отримали вплив сантерії, особливо через духовні хрещення.
- **Північна Америка** – назви, взяті з поп-культури, повстанських рухів або присвят предкам.

Імена мають значення — і вони можуть нести силу, благословення або ж неволю.

Історія: «Чому мені довелося перейменувати свою доньку»

У книзі *«Великі подвиги»* 14 нігерійська пара назвала свою доньку «Амака», що означає «гарна», але вона страждала від рідкісної хвороби, яка спантеличила лікарів. Під час пророчої конференції мати отримала одкровення: це ім'я колись використовувала її бабуся, знахарка, дух якої тепер забрав дитину.

Вони змінили її ім'я на «Олуватамілоре» (Бог благословив мене), а потім почали постити та молитися. Дитина повністю одужала.

Інший випадок з Індії стосувався чоловіка на ім'я «Карма», який боровся з родовими прокляттями. Після відмови від індуїстських зв'язків та зміни імені на «Джонатан» він почав відчувати прорив у фінансах та здоров'ї.

План дій – Розслідування вашого імені

1. Дослідіть повне значення своїх імен — ім'я, по батькові, прізвище.
2. Запитайте батьків або старших, чому вам дали саме такі імена.
3. Відмовтеся від негативних духовних значень або присвят у молитві.
4. Проголосіть свою божественну сутність у Христі:

«Мене кличе Боже ім'я. Моє нове ім'я написане на небесах» (Об'явлення 2:17).

ГРУПОВА ВЗАЄМОДІЯ

- Запитайте учасників: Що означає ваше ім'я? Чи бачили ви сни, пов'язані з ним?
- Зробіть «молитву іменування» — пророчо проголошуйте особу кожної людини.
- Покладіть руки на тих, кому потрібно звільнитися від імен, пов'язаних із завітами чи родовим рабством.

Інструменти: Роздрукуйте картки зі значенням імен, принесіть олію помазання, використовуйте уривки з Писання про зміну імен.

Ключова інформація

Ви не можете ходити у своїй справжній ідентичності, водночас відповідаючи на фальшиву.

Щоденник рефлексій

- Що означає моє ім'я — духовно та культурно?
- Чи відчуваю я зв'язок зі своїм ім'ям, чи конфлікт з ним?
- Яким ім'ям мене називають небеса?

Молитва про перейменування

Отче, в ім'я Ісуса, я дякую Тобі за те, що Ти дав мені нову ідентичність у Христі. Я ламаю кожне прокляття, заповіт чи демонічний зв'язок, пов'язані з моїми іменами. Я відмовляюся від кожного імені, яке не узгоджується з Твоєю волі. Я приймаю ім'я та ідентичність, які мені дали небеса — сповнені сили, мети та чистоти. В ім'я Ісуса, Амінь.

ДЕНЬ 8: ВИКЛИКАННЯ ХИБНОГО СВІТЛА — ПАСТОЧКИ НЬЮ-ЕЙДЖ ТА АНГЕЛЬСЬКІ ОБМАНИ

> *І не дивно! Бо сам сатана видає себе за ангела світла».* — 2 Коринтян 11:14
>
> *«Улюблені, не кожному духові вірте, але випробовуйте духів, чи від Бога вони...»* — 1 Івана 4:1

Не все, що світиться, є Богом.

У сучасному світі дедалі більше людей шукають «світла», «зцілення» та «енергії» поза Словом Божим. Вони звертаються до медитації, вівтарів йоги, активації третього ока, викликання предків, ворожіння на Таро, місячних ритуалів, ангельського ченнелінгу та навіть містицизму, що звучить християнськи. Обман сильний, тому що часто спочатку він приходить зі спокоєм, красою та силою.

Але за цими рухами стоять духи ворожіння, хибних пророцтв та стародавні божества, які носять маску світла, щоб отримати законний доступ до душ людей.

Глобальний охоплення фальшивого світла

- **Північна Америка** — кристали, очищення шавлією, закон тяжіння, екстрасенси, коди інопланетного світла.
- **Європа** — перейменоване язичництво, поклоніння богиням, біле чаклунство, духовні фестивалі.
- **Латинська Америка** — сантерія, змішана з католицькими святими, спіритичними цілителями (курандерос).
- **Африка** — Пророчі підробки з використанням ангельських вівтарів та ритуальної води.
- **Азія** — чакри, йога «просвітлення», консультування з

реінкарнації, духи храмів.

Ці практики можуть пропонувати тимчасове «світло», але з часом вони затемнюють душу.

Свідчення: Визволення від світла, яке обманювало

З *Greater Exploits 14* Мерсі (Велика Британія) відвідувала семінари з ангелами та практикувала «християнську» медитацію з пахощами, кристалами та ангельськими картами. Вона вірила, що отримує доступ до Божого світла, але невдовзі почала чути голоси під час сну та відчувати незрозумілий страх вночі.

Її визволення почалося, коли хтось подарував їй *«Обмін Джеймса»*, і вона усвідомила подібність між своїм досвідом та досвідом колишнього сатаніста, який говорив про ангельські обмани. Вона покаялася, знищила всі окультні предмети та підкорилася повним молитвам про визволення.

Сьогодні вона сміливо свідчить проти обману Нью-Ейдж у церквах і допомагала іншим відмовитися від подібних шляхів.

План дій – Випробування духів

1. **Проаналізуйте свої практики та переконання** — чи відповідають вони Святому Письму, чи просто здаються духовними?
2. усіх матеріалів фальшивого світла **та знищіть їх: кристалів, посібників з йоги, карт ангелів, ловців снів тощо.**
3. **Моліться (Псалом 119:105)** — просіть Бога зробити Його Слово вашим єдиним світлом.
4. **Оголосіть війну плутанині** — зв'яжіть знайомих духів та хибні одкровення.

ГРУПОВА ЗАЯВКА

- **Обговоріть**: Чи траплялося вам або комусь із ваших знайомих бути схильними до «духовних» практик, які не були зосереджені на Ісусі?

- **Розпізнавання в рольовій грі** : Прочитайте уривки з «духовних» висловів (наприклад, «Довірся всесвіту») та зіставте їх зі Святим Письмом.
- **Сеанс помазання та визволення** : Зруйнуйте вівтарі для хибного світла та замініть їх заповітом для *Світла світу* (Івана 8:12).

Інструменти служіння :

- Принесіть справжні предмети Нью-Ейдж (або їхні фотографії) для наочного навчання.
- Помоліться за визволення від звабливих духів (див. Дії 16:16–18).

Ключова інформація
Найнебезпечніша зброя сатани — це не темрява, а фальшиве світло.
Щоденник рефлексій

- Чи відкрив я духовні двері через «легкі» вчення, що не вкорінені в Святому Письмі?
- Чи я довіряю Святому Духу, чи інтуїції та енергії?
- Чи готовий я відмовитися від усіх форм фальшивої духовності заради Божої істини?

МОЛИТВА ЗРЕЧЕННЯ

Отче , я каюся за кожен спосіб, яким я розважався або взаємодіяв з фальшивим світлом. Я відрікаюся всіх форм Нью-Ейдж, чаклунства та оманливої духовності. Я розриваю кожен зв'язок душі з ангельськими самозванцями, духовними провідниками та фальшивими одкровеннями. Я приймаю Ісуса, справжнє Світло для світу. Я заявляю, що не піду за жодним голосом, окрім Твого, в ім'я Ісуса. Амінь.

ДЕНЬ 9: ВІВТАР КРОВІ — ЗАВІТИ, ЯКІ ВИМАГАЮТЬ ЖИТТЯ

» *І вони збудували пагірки Ваала... щоб проводити синів своїх та дочок своїх через вогонь для Молохівця». — Єремія 32:35*

«І перемогли його кров'ю Агнця та словом свідчення свого...» — Об'явлення 12:11

Є вівтарі, які не просто вимагають вашої уваги — вони вимагають вашої крові.

З давніх часів і донині кровні завіти були основною практикою царства темряви. Деякі з них укладаються свідомо через чаклунство, аборти, ритуальні вбивства чи окультні посвячення. Інші успадковуються через практики предків або несвідомо поєднуються через духовне невігластво.

Де б не проливалася невинна кров — чи то в святилищах, спальнях чи залах засідань — промовляє демонічний вівтар.

Ці вівтарі забирають життя, обривають долі та створюють законне підґрунтя для демонічних страждань.

Глобальні вівтарі крові

- **Африка** – ритуальні вбивства, грошові ритуали, жертвопринесення дітей, криваві угоди при народженні.
- **Азія** – жертвоприношення крові в храмі, сімейні прокляття через аборт або військові клятви.
- **Латинська Америка** – сантерія – жертвопринесення тварин, підношення крові духам померлих.
- **Північна Америка** – ідеологія абортів як таїнства, братства демонічної клятви крові.
- **Європа** – обряди давніх друїдів та масонів, кровопролиття часів Другої світової війни, за яке досі не розкаялися.

Ці завіти, якщо їх не порушити, продовжують забирати життя, часто циклічно.

Правдива історія: Жертва батька

У книзі *«Звільнена від влади темряви»* жінка з Центральної Африки під час сеансу звільнення виявила, що її часті зіткнення зі смертю пов'язані з клятвою на крові, яку дав її батько. Він пообіцяв їй життя в обмін на багатство після років безпліддя.

Після смерті батька вона щороку на свій день народження почала бачити тіні та переживати майже смертельні нещасні випадки. Її прорив стався, коли вона щодня проголошувала над собою Псалом 118:17 — *«Я не помру, але житиму...»*, а потім молилася про зречення та постила. Сьогодні вона веде потужне заступницьке служіння.

В іншій розповіді з *«Greater Exploits 14»* описується чоловік з Латинської Америки, який брав участь у посвяченні в банду, що передбачало пролиття крові. Роками пізніше, навіть після прийняття Христа, його життя перебувало в постійному безладді — доки він не порушив кривавий завіт через тривалий піст, публічне сповідання та водне хрещення. Муки припинилися.

План дій – Змушення кривавих вівтарів

1. **Покайтеся** за будь-які аборти, угоди про приховану кров або спадкове кровопролиття.
2. **Відмовтеся від** усіх відомих і невідомих кровних заповітів голосно, поіменно.
3. **Постіть 3 дні**, приймаючи щоденне причастя, проголошуючи кров Ісуса своїм законним покриттям.
4. **Оголосіть вголос**:

«Кров'ю Ісуса я порушую кожен кривавий завіт, укладений від мого імені. Я викуплений!»

ГРУПОВА ЗАЯВКА

- Обговоріть різницю між природними кровними зв'язками та

демонічними кровними завітами.
- Використовуйте червону стрічку/нитку, щоб зобразити криваві вівтарі, та ножиці, щоб пророчо їх розрізати.
- Запросіть свідчення когось, хто звільнився від кровного путу.

Інструменти служіння :

- елементи причастя
- Олія для помазання
- Декларації про звільнення
- Візуальний образ розбиття вівтаря при свічках, якщо це можливо

Ключова інформація
Сатана торгує кров'ю. Ісус переплатив за вашу свободу Своєю.
Щоденник рефлексій

- Чи брав я або моя родина участь у чомусь, що передбачало кровопролиття чи клятви?
- Чи є у моїй родині повторювані смерті, викидні або насильницькі моделі поведінки?
- Чи повністю я довірився крові Ісуса, щоб вона голосніше говорила над моїм життям?

Молитва про визволення
Господи Ісусе , дякую Тобі за Твою дорогоцінну кров, яка говорить краще, ніж кров Авеля. Я каюся за будь-який завіт крові, який я чи мої предки уклали, свідомо чи несвідомо. Я зрікаюся їх зараз. Я заявляю, що я покритий кров'ю Агнця. Нехай кожен демонічний вівтар, який вимагає мого життя, замовкне та буде зруйнований. Я живу, бо Ти помер за мене. В ім'я Ісуса, Амінь.

ДЕНЬ 10: БЕЗПЛІДНІСТЬ ТА ЗЛАМА — КОЛИ УТРО СТАЄ ПОЛЕМ БОЮ

> *Не буде викидня та неплідної в твоїй землі; Я доповню число твоїх днів».* — Вихід 23:26
>
> *«Він дає бездітній жінці сім'ю, робить її щасливою матір'ю. Слава Господу!»* — Псалом 113:9

Безпліддя — це більше, ніж просто медична проблема. Воно може бути духовною фортецею, що кориниться в глибоких емоційних, родових і навіть територіальних битвах.

У різних країнах ворог використовує безпліддя, щоб присоромити, ізолювати та знищити жінок і сім'ї. Хоча деякі причини є фізіологічними, багато з них глибоко духовні — пов'язані з родовими вівтарями, прокляттями, духовними подружжями, абортованими долями чи душевними ранами.

За кожною безплідною утробою криється небесна обіцянка. Але часто існує війна, яку потрібно вести до зачаття — в утробі матері та в дусі.

Глобальні закономірності безпліддя

- **Африка** – пов'язана з полігамією, прокляттями предків, пактами зі святилищами та духовними дітьми.
- **Азія** – вірування в карму, обітниці минулих життів, родові прокляття, культура сорому.
- **Латинська Америка** – закриття матки, викликане чаклунством, заклинання заздрості.
- **Європа** – надмірна залежність від ЕКЗ, масонські жертвоприношення дітей, почуття провини за аборт.
- **Північна Америка** – емоційна травма, душевні рани, викидні, ліки, що впливають на гормони.

РЕАЛЬНІ ІСТОРІЇ – ВІД сліз до свідчень
Марія з Болівії (Латинська Америка)

Марія перенесла 5 викиднів. Щоразу їй снилося, що вона тримає плачучу дитину, а наступного ранку вона бачила кров. Лікарі не могли пояснити її стан. Прочитавши свідчення у книзі «*Greater Exploits*», вона зрозуміла, що успадкувала сімейний вівтар безпліддя від бабусі, яка присвятила всі жіночі утроби місцевому божеству.

Вона постила та читала Псалом 113 протягом 14 днів. Її пастор спонукав її порушити заповіт через причастя. Через дев'ять місяців вона народила близнюків.

Нгозі з Нігерії (Африка).

Нгозі була одружена 10 років і не мала дітей. Під час молитов про визволення стало відомо, що вона одружена в духовному світі з морським чоловіком. Кожного циклу овуляції їй снилися сексуальні сни. Після серії молитов опівнічної війни та пророчого акту спалення обручки з минулого окультного посвячення її утроба відкрилася.

План дій – Відкриття утроби матері

1. **Визначте корінь** – родовий, емоційний, подружній чи медичний.
2. **Покайтеся у минулих абортах**, душевних зв'язках, сексуальних гріхах та окультних присвятах.
3. **Щодня намащуйте свою утробу**, проголошуючи Вихід 23:26 та Псалом 113.
4. **Пости 3 дні** та щодня причащайся, відкидаючи всі вівтарі, прив'язані до твоєї утроби.
5. **Говоріть вголос**:

Моя утроба благословенна. Я відкидаю будь-який заповіт безпліддя. Я завагітню і виношу до повного терміну силою Святого Духа!

Групова заявка

- Запросіть жінок (і пари) розділити тягар затримок у безпечному, молитовному просторі.
- Використовуйте червоні шарфи або тканини, зав'язані навколо талії, а потім пророчо розв'язані як знак свободи.
- Проведіть пророчу церемонію «іменування» — оголосіть дітей, які ще не народилися вірою.
- Позбавтеся словесних прокльонів, культурного сорому та самоненависті в молитовних колах.

Інструменти служіння:

- Оливкова олія (помазувати утроби)
- Причастя
- Мантії/шалі (символізують покриття та новизну)

Ключова інформація

Безпліддя — це не кінець, це заклик до війни, до віри та відновлення. Боже зволікання — це не заперечення.

Щоденник рефлексій

- Які емоційні чи духовні рани пов'язані з моєю утробою?
- Чи дозволив я сорому чи гіркоті замінити мою надію?
- Чи готовий я протистояти корінним причинам з вірою та діями?

Молитва про зцілення та зачаття

Отче, я стою на Твоєму Слові, яке каже, що ніхто не буде безплідним на землі. Я відкидаю кожну брехню, вівтар і духа, призначені перешкоджати моїй плодючості. Я прощаю себе та інших, хто говорив зло про моє тіло. Я отримую зцілення, відновлення та життя. Я оголошую свою утробу плодючою, а свою радість повною. В ім'я Ісуса. Амінь.

ДЕНЬ 11: АУТОІМУННІ РОЗЛАДИ ТА ХРОНІЧНА ВТОМА — НЕВИДИМА ВНУТРІШНЯ ВІЙНА

Дім, розділений сам у собі, не встоїть». — Матвія 12:25
«Він дає силу слабким, а безсилим додає міць». — Ісая 40:29

Аутоімунні захворювання – це захворювання, при яких організм атакує сам себе, помилково сприймаючи власні клітини як ворогів. До цієї групи належать вовчак, ревматоїдний артрит, розсіяний склероз, хвороба Хашимото та інші.

Синдром хронічної втоми (СХВ), фіброміалгія та інші незрозумілі розлади виснаження часто перетинаються з аутоімунними проблемами. Але окрім біологічних, багато хто з тих, хто страждає, несуть емоційні травми, душевні рани та духовний тягар.

Тіло волає — не лише про ліки, а й про мир. Багато хто всередині воює.

Глобальний погляд

- **Африка** – Зростання аутоімунних діагнозів, пов'язаних з травмами, забрудненням та стресом.
- **Азія** – Високі показники захворювань щитовидної залози пов'язані з придушенням предків та культурою сорому.
- **Європа та Америка** – епідемія хронічної втоми та вигорання через культуру, орієнтовану на продуктивність.
- **Латинська Америка** – Страждденним часто ставлять неправильний діагноз; стигматизація та духовні атаки через фрагментацію душі або прокляття.

Приховані духовні корені

- **Самоненависть або сором** — відчуття «недостатньо хорошого».
- **Непрощення до себе чи інших** — імунна система імітує духовний стан.
- **Непереосмислене горе чи зрада** — відкриває двері до душевної втоми та фізичного зриву.
- **Стріли від чаклунства або ревнощів** — використовуються для виснаження духовних та фізичних сил.

Правдиві історії – битви, що відбувалися в темряві
Олена з Іспанії.

У Олени діагностували вовчак після тривалих стосунків, сповнених насильства, які емоційно зламали її. Під час терапії та молитви з'ясувалося, що вона в собі приховувала ненависть, вважаючи себе нікчемною. Коли вона почала прощати себе та протистояти душевним ранам за допомогою Святого Письма, її спалахи різко зменшилися. Вона свідчить про цілющу силу Слова та очищення душі.

Джеймс зі США

Джеймс, цілеспрямований керівник корпорації, втратив самовладання через синдром хронічної втоми після 20 років безперервного стресу. Під час визволення з'ясувалося, що чоловіків у його родині переслідує покоління, пов'язане з прагненням без відпочинку. Він увійшов у період суботи, молитви та сповіді, і знайшов відновлення не лише здоров'я, а й самоідентифікації.

План дій – Зцілення душі та імунної системи

1. вголос щоранку **Псалом 103:1–5**, особливо вірші 3-5.
2. **Перелічіть свої внутрішні переконання** — що ви кажете собі? Знищте брехню.
3. **Глибоко прощайте** — особливо себе.
4. **Прийміть причастя**, щоб відновити завіт тіла — див. Ісая 53.
5. **Спочивайте в Бозі** — субота не є необов'язковою, це духовна війна проти вигорання.

Я заявляю, що моє тіло не є моїм ворогом. Кожна клітина в мені повинна узгодитися з божественним порядком і миром. Я отримую Божу силу та зцілення.

Групова заявка

- Нехай учасники поділяться ознаками втоми або емоційного виснаження, які вони приховують.
- Виконайте вправу «скидання душі» — запишіть тягарі, а потім символічно спаліть або поховайте їх.
- Покладіть руки на тих, хто страждає від аутоімунних симптомів; накажіть рівновазі та миру.
- Заохочуйте 7-денне ведення щоденника емоційних тригерів та цілющих уривків з Писання.

Інструменти служіння:

- Ефірні олії або ароматичне помазання для освіження
- Щоденники або блокноти
- Саундтрек до медитації до Псалма 23

Ключова інформація

Те, що атакує душу, часто проявляється в тілі. Зцілення має йти зсередини назовні.

Щоденник рефлексій

- Чи почуваюся я в безпеці у власному тілі та думках?
- Чи я таю сором або провину за минулі невдачі чи травми?
- Що я можу зробити, щоб почати шанувати спокій і мир як духовні практики?

Молитва про відновлення

Господи Ісусе, Ти мій Цілитель. Сьогодні я відкидаю кожну брехню про те, що я зламаний, брудний чи приречений. Я прощаю себе та інших. Я благословляю кожну клітину свого тіла. Я отримую мир у своїй душі та гармонію в моїй імунній системі. Твоїми ранами я зцілений. Амінь.

ДЕНЬ 12: ЕПІЛЕПСІЯ ТА ПСИХІЧНІ МУКИ — КОЛИ РОЗУМ СТАЄ ПОЛЕМ БОЮ

« *Господи, змилуйся над сином моїм, бо він божевільний і дуже страждає, часто бо падає у вогонь, а часто у воду».* — Матвія 17:15

«*Бог дав нам духа не страху, але сили, любові та здорового розуму».* — 2 Тимофія 1:7

Деякі недуги не лише медичні — це духовні поля битви, замасковані під хворобу.

Епілепсія, судоми, шизофренія, біполярні епізоди та психічні муки часто мають приховане коріння. Хоча ліки мають місце, розсудливість є критично важливою. У багатьох біблійних розповідях судоми та психічні атаки були результатом демонічного гніту.

Сучасне суспільство лікує те, що Ісус часто *виганяє* .

Глобальна реальність

- **Африка** – Судоми часто пов'язують з прокляттями або духами предків.
- **Азія** – епілепсії часто приховуються через сором та духовну стигму.
- **Латинська Америка** – шизофренія, пов'язана з чаклунством, що передається з покоління в покоління, або невдалими покликаннями.
- **Європа та Північна Америка** – Гіпердіагностика та надмірне лікування часто маскують демонічні першопричини.

Реальні історії – Визволення у вогні
Муса з Північної Нігерії

У Муси з дитинства були епілептичні напади. Його родина перепробувала все — від місцевих лікарів до церковних молитов. Одного разу, під час служби визволення, Дух відкрив, що дід Муси запропонував йому обмін на чаклунство. Після того, як він порушив заповіт і помазав його, у нього більше ніколи не було нападів.

Даніель з Перу

У Даніеля, якому поставили діагноз біполярний розлад, мучили його насильницькі сни та голоси. Пізніше він дізнався, що його батько брав участь у таємних сатанинських ритуалах у горах. Молитви за визволення та триденне піст принесли ясність. Голоси припинилися. Сьогодні Даніель спокійний, відновився та готується до служіння.

Ознаки, на які варто звернути увагу

- Повторні епізоди судом без відомої неврологічної причини.
- Голоси, галюцинації, насильницькі або суїцидальні думки.
- Втрата часу або пам'яті, незрозумілий страх або фізичні напади під час молитви.
- Сімейні моделі божевілля або самогубства.

План дій – Взяття влади над розумом

1. Покайтеся у всіх відомих окультних зв'язках, травмах чи прокляттях.
2. Щодня клади руки на голову свою, проповідуючи здоровий глузд (2 Тимофія 1:7).
3. Постіться і моліться за духів, що зв'язують розум.
4. Порушуйте клятви предків, зобов'язання чи прокляття роду.
5. Якщо можливо, приєднайтеся до сильного молитовного партнера або команди з питань визволення.

Я відкидаю будь-якого духа мук, захоплення та сум'яття. Я отримую здоровий розум та стабільні емоції в ім'я Ісуса!

Групове служіння та застосування

- Визначте сімейні моделі психічних захворювань або судом.
- Моліться за тих, хто страждає — використовуйте олію помазання на чолі.
- Нехай посередники ходять по кімнаті, проголошуючи: «Мир, замовкни!» (Марка 4:39)
- Запропонуйте постраждалим порушити усні домовленості: «Я не божевільний. Я зцілений і цілісний».

Інструменти служіння:

- Олія для помазання
- Картки проголошення зцілення
- Музика поклоніння, яка служить миру та ідентичності

Ключова інформація

Не всі страждання є лише фізичними. Деякі з них кореняться в давніх завітах та демонічних юридичних основах, які необхідно вирішувати духовно.

Щоденник рефлексій

- Чи мучилися я коли-небудь у своїх думках чи сні?
- Чи є незагоєні травми чи духовні двері, які мені потрібно зачинити?
- Яку істину я можу проголошувати щодня, щоб закріпити свій розум у Божому Слові?

Молитва здоров'я

Господи Ісусе, Ти – Відновлювач мого розуму. Я відмовляюся від кожної угоди, травми чи демонічного духа, що атакує мій мозок, емоції та ясність. Я отримую зцілення та здоровий розум. Я постановляю, що буду жити, а не помру. Я буду діяти в повну силу, в ім'я Ісуса. Амінь.

ДЕНЬ 13: ДУХ СТРАХУ — РОЗБИВАННЯ КЛІТКИ НЕВИДИМИХ МУК

Бо дав нам Бог не духа страху, але сили, і любови, і здорового розуму». — 2 Тимофія 1:7

«Страх має муку…» — 1 Івана 4:18

Страх — це не просто емоція, це може бути *дух*.

Він шепоче про невдачу ще до того, як ви почнете. Він посилює відмову. Він калічить мету. Він паралізує нації.

Багато хто перебуває у невидимих в'язницях, побудованих страхом: страхом смерті, невдачі, бідності, людей, хвороб, духовної війни та невідомості.

За багатьма нападами тривоги, панічними розладами та ірраціональними фобіями криється духовне завдання, послане **нейтралізувати долі**.

Глобальні прояви

- **Африка** – Страх, що кориниться в родових прокляттях, помсті предків або негативній реакції на чаклунство.
- **Азія** – культурний сором, кармічний страх, тривога реінкарнації.
- **Латинська Америка** – Страх перед прокльонами, сільськими легендами та духовною помстою.
- **Європа та Північна Америка** – прихована тривога, діагностовані розлади, страх конфронтації, успіху чи відмови – часто духовні, але позначені як психологічні.

Реальні історії – Викриття Духа
Сара з Канади

Роками Сара не могла спати в темряві. Вона постійно відчувала чиюсь присутність у кімнаті. Лікарі діагностували це як тривогу, але жодне лікування не допомогло. Під час онлайн-сеансу звільнення з'ясувалося, що дитячий страх відкрив двері для мучого духа через кошмар і фільм жахів. Вона покаялася, зреклася страху та наказала йому піти. Тепер вона спить з миром.

Уче з Нігерії

Уче покликали проповідувати, але щоразу, коли він стояв перед людьми, він завмирав. Страх був неприродним — задушливим, паралізуючим. У молитві Бог показав йому слово прокляття, вимовлене вчителем, який насміхався з його голосу в дитинстві. Це слово утворило духовний ланцюг. Розірвавши його, він почав сміливо проповідувати.

План дій – Подолання страху

1. **Зізнайтеся про будь-який страх по імені**: «Я відрікаюся страху перед [_____] в ім'я Ісуса».
2. **Щодня читайте вголос Псалом 27 та Ісаю 41.**
3. **Поклоняйтеся, доки мир не замінить паніку.**
4. **Швидко відмовтеся від медіа, що пропагують страх — фільмів жахів, новин, пліток.**
5. **Щодня заявляйте**: «У мене здоровий глузд. Я не раб страху».

Групова заявка – Прорив у громаді

- Запитайте учасників групи: Який страх паралізував вас найбільше?
- Розділіться на невеликі групи та проведіть молитви про **зречення** та **заміну** (наприклад, страх → сміливість, тривога → впевненість).
- Нехай кожна людина запише один страх і спалить його як пророчий вчинок.
- Використовуйте *олію помазання* та *сповіді з Писання* одне над одним.

Інструменти служіння:

- Олія для помазання
- Картки з проголошенням Писання
- Пісня поклоніння: «Більше не раби» гурту Bethel

Ключова інформація

Терпимий страх — це **забруднення віри**.
Не можна бути сміливим і боязким одночасно — оберіть сміливість.

Щоденник рефлексій

- Який страх залишився зі мною з дитинства?
- Як страх вплинув на мої рішення, здоров'я чи стосунки?
- Що б я зробив по-іншому, якби був повністю вільним?

Молитва про звільнення від страху

Отче, я відрікаюся духа страху. Я зачиняю всі двері через травму, слова чи гріх, які дали страху доступ. Я приймаю Духа сили, любові та здорового розуму. Я проголошую сміливість, мир і перемогу в ім'я Ісуса. Страху більше немає місця в моєму житті. Амінь.

ДЕНЬ 14: САТАНИНСЬКІ МАРКИ — СТЕРТТЯ НЕЧЕСТВЕНОГО ТАЙМА

> *Відтепер нехай ніхто мене не турбує, бо я ношу на тілі своєму рани Господа Ісуса».* — Галатів 6:17
> *«Вони назвуть ім'я Моє синів Ізраїлевих, і Я благословлю їх».* — Числа 6:27

Багато доль мовчки *позначені* в духовній сфері — не Богом, а ворогом. Ці сатанинські мітки можуть проявлятися у формі дивних знаків на тілі, снів про татуювання чи таврування, травматичного насильства, кривавих ритуалів або успадкованих вівтарів. Деякі з них невидимі — їх можна розпізнати лише завдяки духовній чутливості, — тоді як інші проявляються як фізичні знаки, демонічні татуювання, духовне таврування або постійні недуги.

Коли людина позначена ворогом, вона може відчувати:

- Постійне неприйняття та ненависть без причини.
- Повторювані духовні атаки та блокування.
- Передчасна смерть або кризи здоров'я у певному віці.
- Відстежуватися в дусі — завжди видно темряві.

Ці позначки діють як *легальні мітки*, що дають темним духам дозвіл мучити, затримувати або стежити.

Але кров Ісуса **очищує** та **перейменовує**.

Глобальні вирази

- **Африка** – Племінні мітки, ритуальні порізи, шрами окультної ініціації.
- **Азія** – Духовні печатки, символи предків, кармічні знаки.

- **Латинська Америка** – знаки посвячення у чаклунство (брухерія), знаки народження, що використовуються в ритуалах.
- **Європа** – емблеми масонства, татуювання, що закликають духовних провідників.
- **Північна Америка** – символи Нью-ейдж, татуювання ритуального насильства, демонічне таврування через окультні заповіти.

Реальні історії – Сила ребрендингу
Девід з Уганди
Давид постійно стикався з відторгненням. Ніхто не міг пояснити чому, попри його талант. Під час молитви пророк побачив на його чолі «духовний X» — позначку від дитячого ритуалу, який проводив сільський священик. Під час визволення ця позначка була духовно стерта за допомогою помазання олією та проголошень крові Ісуса. Його життя змінилося протягом кількох тижнів — він одружився, знайшов роботу та став молодіжним лідером.

Сандра з Бразилії
У Сандри було татуювання дракона з часів її підліткового бунту. Після того, як вона віддала своє життя Христу, вона почала помічати сильні духовні напади щоразу, коли постила чи молилася. Її пастор розпізнав, що татуювання було демонічним символом, пов'язаним зі спостереженням за духами. Після сеансу покаяння, молитви та внутрішнього зцілення вона видалила татуювання та розірвала зв'язок душі. Її кошмари одразу припинилися.

План дій – Зітріть слід

1. **Попросіть Святого Духа** відкрити будь-які духовні чи фізичні ознаки у вашому житті.
2. **Покайтеся** за будь-яку особисту чи успадковану участь у ритуалах, які дозволили їх.
3. **Намажте кров'ю Ісуса** своє тіло — чоло, руки, ноги.
4. **Розірвіть духов моніторингу**, зв'язки душ та законні права, пов'язані з мітками (див. уривки з Писання нижче).
5. **Видаліть фізичні татуювання або предмети** (як зазначено),

пов'язані з темними ковенантами.

Групова заявка – Ребрендинг у Христі

- Запитайте учасників групи: Чи мали ви коли-небудь бренд або мрію про те, щоб вас брендували?
- Проведіть молитву **очищення та повторного посвячення** Христу.
- Намажте чоло олією та проголосіть: *«Тепер ви носите знамення Господа Ісуса Христа»*.
- Позбудьтеся духів-спостерігачів і перепрограмуйте їхню ідентичність у Христі.

Інструменти служіння:

- Оливкова олія (благословенна для помазання)
- Дзеркало або біла тканина (символічний акт миття)
- Причастя (запечатати нову ідентичність

Ключова інформація
Те, що позначено в дусі, те й **видно в дусі** — зніміть те, чим ворог вас позначив.

Щоденник рефлексій

- Чи бачив я коли-небудь дивні сліди, синці чи символи на своєму тілі без пояснень?
- Чи є предмети, пірсинг або татуювання, від яких мені потрібно відмовитися або видалити?
- Чи повністю я переосмислив своє тіло як храм Святого Духа?

Молитва про ребрендинг
Господи Ісусе, я відмовляюся від кожного знака, завіту та посвячення, зробленого в моєму тілі чи дусі поза Твоєю волею. Твоєю кров'ю я стираю кожне сатанинське клеймо. Я проголошую, що я позначений лише для Христа. Нехай Твоя печатка власності буде на мені, і нехай кожен дух,

що стежить за мною, втратить мій слід зараз. Я більше не видимий для темряви. Я ходжу вільно — в ім'я Ісуса, Амінь.

ДЕНЬ 15: ЦАРСТВО ДЗЕРКАЛ — ВТЕЧА З В'ЯЗНИЦІ ВІДОБРАЖЕНЬ

> *Бо тепер ми бачимо ніби крізь дзеркало, мов крізь неясно, а тоді лицем до лиця...»* — 1 Коринтян 13:12

«Мають очі, та не бачать, мають вуха, та не чують...» — Псалом 115:5–6

Існує **дзеркальне царство** — місце *фальшивих особистостей*, духовних маніпуляцій та темних відображень. Те, що багато хто бачить у снах чи видіннях, може бути дзеркалами не від Бога, а знаряддями обману з темного царства.

В окультизмі дзеркала використовуються для **ловлі душ**, **спостереження за життям** або **передачі особистостей**. Під час деяких сеансів звільнення люди повідомляють, що бачать себе «живучими» в іншому місці — всередині дзеркала, на екрані або за духовною завісою. Це не галюцинації. Часто це сатанинські в'язниці, призначені для:

- Фрагментувати душу
- Затримка долі
- Заплутати ідентичність
- Ведіть альтернативні духовні часові лінії

Мета? Створити *фальшиву версію* себе, яка живе під демонічним контролем, тоді як твоє справжнє «я» перебуває в сум'ятті або поразці.

Глобальні вирази

- **Африка** – Дзеркальне чаклунство, яке використовують чаклуни для спостереження, пастки або нападу.
- **Азія** – Шамани використовують чаші з водою або піроване

каміння, щоб «бачити» та викликати духів.
- **Європа** – Ритуали чорного дзеркала, некромантія через відображення.
- **Латинська Америка** – Гадання крізь обсидіанові дзеркала в традиціях ацтеків.
- **Північна Америка** – дзеркальні портали Нової ери, споглядання за дзеркалом для астральних подорожей.

Свідчення — «Дівчина у дзеркалі»
Марія з Філіппін

Марії снилося, що вона замкнена в кімнаті, повній дзеркал. Щоразу, коли вона досягала успіху в житті, вона бачила в дзеркалі версію себе, яка тягнула її назад. Однієї ночі під час визволення вона закричала і описала, як бачила себе, як вона «виходить з дзеркала» на свободу. Її пастор помазав їй очі та допоміг відмовитися від маніпуляцій із дзеркалами. Відтоді її ясність розуму, ділове та сімейне життя змінилися.

Девід з Шотландії.

Девід, колись глибоко занурений у медитацію Нью-ейдж, практикував «роботу з дзеркальною тінню». З часом він почав чути голоси та бачити себе, як робить те, чого ніколи не планував. Після прийняття Христа служитель визволення розірвав зв'язки душі з дзеркалом і помолився над його розумом. Девід розповідав, що вперше за багато років відчув, ніби «туман розвіявся».

План дій – Зруйнувати чари дзеркала

1. **Відмовтеся від** будь-якої відомої чи невідомої взаємодії з дзеркалами, що використовуються духовно.
2. **Закривайте всі дзеркала у вашому домі** тканиною під час молитви або посту (якщо він проводиться).
3. **Помаж свої очі та чоло** — проголоси, що тепер ти бачиш лише те, що бачить Бог.
4. **Використовуйте Святе Письмо**, щоб проголосити свою ідентичність у Христі, а не в хибних роздумах:
   - *Ісая 43:1*
   - *2 Коринтян 5:17*

- *Івана 8:36*

ГРУПОВА ЗАЯВКА – ВІДНОВЛЕННЯ особи

- Запитайте: Чи бачили ви коли-небудь сни, пов'язані з дзеркалами, двійниками або спостереженням за вами?
- Проведіть молитву відновлення ідентичності — проголосіть свободу від хибних версій себе.
- Покладіть руки на очі (символічно або в молитві) і помоліться про ясність зору.
- Використайте дзеркало в групі, щоб пророчо проголосити: «Я той, ким мене називає Бог. Нічого більше».

Інструменти служіння:

- Біла тканина (покриває символи)
- Оливкова олія для помазання
- Посібник з проголошення пророчого дзеркала

Ключова інформація

Ворог любить спотворювати те, як ви бачите себе, — адже ваша особистість — це ваша точка доступу до долі.

Щоденник рефлексій

- Чи я вірив брехні про те, ким я є?
- Чи брав я коли-небудь участь у ритуалах із дзеркалами або несвідомо дозволяв дзеркальному чаклунству?
- Що Бог каже про те, ким я є?

Молитва про звільнення від Дзеркального Царства

Отче Небесний, я порушую кожен завіт із дзеркальним світом — кожне темне відображення, духовного двійника та підроблену часову лінію. Я відмовляюся від усіх фальшивих ідентичностей. Я проголошую, що я той, ким Ти мене називаєш. Кров'ю Ісуса я виходжу з в'язниці відображень і йду до повноти свого призначення. Від сьогодні я бачу очима Духа — в істині та ясності. В ім'я Ісуса, Амінь.

ДЕНЬ 16: РОЗРИВАННЯ ПУТІВ СЛОВНИХ ПРОКЛЯТТІВ — ПОВЕРНЕННЯ СВОГО ІМ'Я, СВОГО МАЙБУТНЬОГО

«*Смерть і життя — у владі язика...*» — Приповісті 18:21

«*Жодна зброя, зроблена проти тебе, не матиме успіху, і кожен язик, що повстане проти тебе на суд, ти засудиш...*» — Ісая 54:17

Слова — це не просто звуки, вони **духовні вмістилища**, що несуть силу благословляти чи зв'язувати. Багато людей несвідомо ходять під **тягарем прокльонів, вимовлених** над ними батьками, вчителями, духовними лідерами, колишніми коханими або навіть власними устами.

Дехто вже чув це раніше:

- «Ти ніколи нічого не досягнеш».
- «Ти такий самий, як твій батько — ні на що не здатен».
- «Все, до чого доторкнешся, виходить з ладу».
- «Якщо я тебе не матиму, то ніхто тебе не матиме».
- «Ти проклятий... дивись і побачиш».

Такі слова, коли їх скажеш у гніві, ненависті чи страху — особливо кимось при владі — можуть стати духовною пасткою. Навіть самопроголошені прокляття на кшталт «*Шкода, що я ніколи не народився*» або «*Я ніколи не одружуся*», можуть дати ворогові законну підставу.

Глобальні вирази

- **Африка** – племінні прокляття, батьківські прокляття за повстання, прокляття на ринках.
- **Азія** – словесні заяви, засновані на кармі, обітниці предків, що

вимовляються над дітьми.
- **Латинська Америка** – прокляття бруєрії (чаклунства), що активуються усним словом.
- **Європа** – Усні прокляття, сімейні «пророцтва», що самоздійснюються.
- **Північна Америка** – словесні образи, окультні співи, твердження про ненависть до себе.

Чи то пошепки, чи кричачи, прокляття, вимовлені з емоціями та вірою, мають вагу в душі.

Свідчення — «Коли моя мати говорила про смерть»
Кейша (Ямайка)

Кейша виросла, чуючи, як її мати каже: *«Ти причина, через яку моє життя зруйноване»*. Кожного дня народження траплялося щось погане. У 21 рік вона намагалася покінчити життя самогубством, переконана, що її життя не має цінності. Під час служби визволення священик запитав: *«Хто промовляв смерть над твоїм життям?»* Вона зламалася. Відмовившись від слів і відпустивши прощення, вона нарешті відчула радість. Тепер вона вчить молодих дівчат, як промовляти життя над собою.

Андрій (Румунія)

Вчитель Андрія якось сказав: *«Ти потрапиш до в'язниці або помреш до 25 років»*. Ці слова переслідували його. Він скоїв злочин, а у 24 роки був заарештований. У в'язниці він зустрів Христа та усвідомив прокляття, з яким погодився. Він написав вчителю листа прощення, розірвав усю брехню, сказану про нього, і почав проповідувати Божі обітниці. Зараз він очолює тюремне благодійне служіння.

План дій – Зняти прокляття

1. Запишіть негативні висловлювання, сказані про вас — іншими або вами самими.
2. У молитві **відмовтеся від кожного словесного прокляття** (вимовте його вголос).
3. **Пробачте** людині, яка це сказала.
4. **Промовляй Божу правду** про себе, щоб замінити прокляття благословенням:

- *Єремія 29:11*
- *Повторення Закону 28:13*
- *Римлян 8:37*
- *Псалом 139:14*

Групова заявка – Сила слів

- Запитайте: Які твердження сформували вашу ідентичність — добре чи погано?
- У групах промовляйте прокляття вголос (з чуйністю) та замість цього промовляйте благословення.
- Використовуйте картки з уривками з Писань — кожна людина читає вголос 3 істини про свою сутність.
- Заохочуйте членів Церкви розпочати 7-денне *благословення* над собою.

Інструменти служіння:

- Флеш-картки з ідентифікаторами Писання
- Оливкова олія для помазання вуст (освячення мови)
- Дзеркальні заяви — щодня говоріть правду поверх свого відображення

Ключова інформація
Якщо було вимовлено прокляття, його можна зняти — і замість нього можна вимовити нове слово життя.

Щоденник рефлексій

- Чиї слова сформували мою ідентичність?
- Чи проклинав я себе через страх, гнів чи сором?
- Що Бог каже про моє майбутнє?

Молитва про зняття словесних прокльонів
Господи Ісусе, я відрікаюся від кожного прокляття, вимовленого над моїм життям — родиною, друзями, вчителями, коханими і навіть самим

собою. Я прощаю кожен голос, який проголошував невдачу, відкидання чи смерть. Я ламаю силу цих слів зараз, в ім'я Ісуса. Я промовляю благословення, милість і долю над своїм життям. Я той, ким Ти мене називаєш — коханий, обраний, зцілений і вільний. В ім'я Ісуса. Амінь.

ДЕНЬ 17: ЗВІЛЬНЕННЯ ВІД КОНТРОЛЮ ТА МАНІПУЛЯЦІЇ

«*Чаклунство — це не завжди шати та казани, іноді це слова, емоції та невидимі повідці*».

«Бо непокора — це як гріх чаклунства, а впертість — як беззаконня та ідолопоклонство».

— *1 Самуїла 15:23*

Чаклунство можна знайти не лише у святилищах. Воно часто носить посмішку та маніпулює через почуття провини, погрози, лестощі чи страх. Біблія прирівнює бунт — особливо той, який здійснює безбожний контроль над іншими — до чаклунства. Щоразу, коли ми використовуємо емоційний, психологічний чи духовний тиск, щоб панувати над волею когось іншого, ми ходимо по небезпечній території.

Глобальні прояви

- **Африка** – Матері проклинають дітей у гніві, закохані зв'язують інших за допомогою «джуджу» або любовних зілля, духовні лідери залякують послідовників.
- **Азія** – контроль гуру над учнями, шантаж батьків у шлюбах за домовленістю, маніпуляції енергетичними шнурами.
- **Європа** – масонські клятви, що контролюють поведінку поколінь, релігійну провину та панування.
- **Латинська Америка** – Брухерія (чаклунство), що використовувалося для утримання партнерів, емоційний шантаж, що кориниться в сімейних прокляттях.
- **Північна Америка** – нарцисичне виховання, маніпулятивне лідерство, замасковане під «духовне покриття», пророцтво, засноване на страху.

Голос чаклунства часто шепоче: «*Якщо ти цього не зробиш, то втратиш мене, втратиш Божу прихильність або постраждаєш*».

Але справжня любов ніколи не маніпулює. Божий голос завжди приносить мир, ясність і свободу вибору.

Реальна історія — Зриваючи невидимий повідок

Грейс з Канади була глибоко залучена до пророчого служіння, де лідер почав диктувати їй, з ким вона може зустрічатися, де вона може жити і навіть як молитися. Спочатку це здавалося духовним, але з часом вона почувалася в'язнем його думок. Щоразу, коли вона намагалася прийняти самостійне рішення, їй казали, що вона «повстає проти Бога». Після нервового зриву та прочитання книги *«Великі подвиги»* 14 вона зрозуміла, що це харизматичне чаклунство — контроль, маскований під пророцтво.

Грейс відмовилася від душевного зв'язку зі своїм духовним лідером, покаялася у власній згоді на маніпуляції та приєдналася до місцевої громади для зцілення. Сьогодні вона цілісність і допомагає іншим позбутися релігійного насильства.

План дій — Розпізнавання чаклунства у стосунках

1. Запитайте себе: *чи почуваюся я вільно поруч із цією людиною, чи боюся її розчарувати?*
2. Перелічіть стосунки, де почуття провини, погрози або лестощі використовуються як інструменти контролю.
3. Відмовтеся від будь-яких емоційних, духовних чи душевних зв'язків, які змушують вас почуватися домінованими або безголосими.
4. Моліться вголос, щоб розірвати кожен маніпулятивний повідець у вашому житті.

Інструменти для вивчення Писання

- **1 Самуїла 15:23** – Бунт і чаклунство
- **Галатів 5:1** – «Стійте твердо... і не обтяжуйте себе знову ярмом рабства».
- **2 Коринтян 3:17** – «Де Дух Господній, там воля».

- **Михей 3:5–7** – Лжепророки використовують залякування та підкуп

Групове обговорення та застосування

- Розкажіть (анонімно, якщо потрібно) про випадок, коли ви відчували духовну чи емоційну маніпуляцію.
- Розіграйте рольову молитву «розповіді правди» — звільніть контроль над іншими та поверніть собі волю.
- Нехай члени напишуть листи (справжні чи символічні), розриваючи зв'язки з впливовими фігурами та проголошуючи свободу у Христі.

Інструменти служіння:

- Об'єднайте партнерів у пари для визволення.
- Використовуйте олію помазання, щоб проголосити свободу над розумом і волею.
- Використовуйте причастя, щоб відновити завіт з Христом як *єдине справжнє покриття*.

Ключова інформація

Де маніпуляції живуть, там процвітає чаклунство. Але де Божий Дух, там свобода.

Щоденник рефлексій

- Кому або чому я дозволив контролювати мій голос, волю чи напрямок?
- Чи використовував я коли-небудь страх чи лестощі, щоб досягти свого?
- Які кроки я зроблю сьогодні, щоб ходити у свободі Христа?

Молитва про визволення

Небесний Отче, я відрікаюся від будь-якої форми емоційної, духовної та психологічної маніпуляції, що діє в мені чи навколо мене. Я розриваю кожен зв'язок душі, що кориниться в страху, провині та контролі. Я звільняюся від бунту, панування та залякування. Я проголошую, що мене веде лише Твій Дух. Я отримую благодать ходити в любові, істині та свободі. В ім'я Ісуса. Амінь.

ДЕНЬ 18: ЗЛАМАЄМО СИЛУ НЕПРОСТІННЯ ТА ГІРКОТИ

> *Непрощення — це як випити отруту та очікувати, що інша людина помре».*

«Глядіть... щоб якийсь гіркий корінь не виріс і не спричинив лиха та не осквернив багатьох».

— *Євреїв 12:15*

Гіркота — це тихий руйнівник. Вона може початися з болю — зради, брехні, втрати — але якщо її не зупинити, вона переростає в непрощення, і, зрештою, в корінь, який отруює все.

Непрощення відкриває двері для духів, що мучать (Матвія 18:34). Воно затьмарює розсудливість, перешкоджає зціленню, душить ваші молитви та блокує потік Божої сили.

Визволення — це не просто вигнання демонів, а звільнення від того, що ви тримали в собі.

ГЛОБАЛЬНІ ПРОЯВИ ГІРКОТИ

- **Африка** – Племінні війни, політичне насильство та сімейні зради передавалися з покоління в покоління.
- **Азія** – безчестя між батьками та дітьми, рани, завдані кастою, релігійні зради.
- **Європа** – Поколіннєве мовчання щодо насильства, гіркота через розлучення чи невірність.
- **Латинська Америка** – рани від корумпованих інституцій, відторгнення з боку сім'ї, духовні маніпуляції.
- **Північна Америка** – церковна школа, расова травма, відсутність

батьків, несправедливість на робочому місці.

Гіркота не завжди кричить. Іноді вона шепоче: «Я ніколи не забуду, що вони зробили».

Але Бог каже: *Відпусти це — не тому, що вони цього заслуговують, а тому, що **ти** заслуговуєш.*

Реальна історія — Жінка, яка не пробачила

Марії з Бразилії було 45 років, коли вона вперше звернулася за звільненням. Щоночі їй снилося, що її душать. У неї були виразки, високий кров'яний тиск і депресія. Під час сеансу з'ясувалося, що вона затаїла ненависть до свого батька, який знущався з неї в дитинстві, а пізніше покинув сім'ю.

Вона стала християнкою, але ніколи йому не пробачила.

Коли вона плакала та відпускала його перед Богом, її тіло здригнулося — щось зламалося. Тієї ночі вона вперше за 20 років спокійно заснула. Через два місяці її здоров'я почало різко покращуватися. Тепер вона ділиться своєю історією як коуч-цілитель для жінок.

План дій — Виривання гіркого кореня

1. **Назвіть це** – Запишіть імена тих, хто завдав вам болю – навіть вас самих чи Бога (якщо ви таємно гнівалися на Нього).
2. **Відпустіть це** – Скажіть уголос: «Я вирішую пробачити [ім'я] за [конкретну образу]. Я відпускаю їх і звільняю себе».
3. **Спаліть його** – Якщо це безпечно, спаліть або подрібніть папір як пророчий акт звільнення.
4. **Моліться за благословення** тих, хто заподіяв вам зло, навіть якщо ваші емоції чинять опір. Це духовна війна.

Інструменти для вивчення Писання

- *Матвія 18:21–35* – Притча про немилосердного раба
- *Євреїв 12:15* – Гірке коріння багатьох оскверняє
- *Марка 11:25* – Прощай, щоб не було перешкоди вашим молитвам
- *Римлян 12:19–21* – Залиште помсту Богові

ГРУПОВА ЗАЯВКА ТА СЛУЖІННЯ

- Попросіть кожну людину (приватно або письмово) назвати когось, кому їм важко пробачити.
- Розділіться на молитовні групи, щоб пройти процес прощення, використовуючи молитву нижче.
- Проведіть пророчу «церемонію спалення», де письмові образи знищуються та замінюються проголошеннями про зцілення.

Інструменти служіння:

- Картки з прощенням
- М'яка інструментальна музика або насолоджувальне богослужіння
- Олія радості (для помазання після звільнення)

Ключова інформація

Непрощення — це ворота, якими користується ворог. Прощення — це меч, що розсікає пута неволі.

Щоденник рефлексій

- Кого мені потрібно пробачити сьогодні?
- Чи я пробачив собі — чи караю себе за минулі помилки?
- Чи вірю я, що Бог може повернути те, що я втратив через зраду чи образу?

Молитва про звільнення

Господи Ісусе, я приходжу до Тебе зі своїм болем, гнівом та спогадами. Я вирішую сьогодні — вірою — пробачити всіх, хто завдав мені болю, зневажав, зрадив чи відкинув мене. Я відпускаю їх. Я звільняю їх від осуду, а себе — від гіркоти. Я прошу Тебе зцілити кожну рану та наповнити мене Своїм миром. В ім'я Ісуса. Амінь.

ДЕНЬ 19: ЗЦІЛЕННЯ ВІД СОРОМУ ТА ОСУДЖЕННЯ

» *Сором каже: «Я поганий». Осуд каже: «Я ніколи не буду вільним». Але Ісус каже: «Ти Мій, і Я створив тебе новим ».*

«Ті, хто дивиться на Нього, сяють, обличчя їхні ніколи не покриваються соромом».

— *Псалом 34:5*

Сором — це не просто почуття, це стратегія ворога. Це плащ, яким він огортає тих, хто впав, зазнав невдачі або був зґвалтований. Він каже: «Ти не можеш наблизитися до Бога. Ти надто брудний. Занадто пошкоджений. Занадто винний».

Але осуд — це **брехня** , бо в Христі **немає осуду** (Римлян 8:1).

Багато людей, які прагнуть визволення, залишаються в пастці, бо вважають себе **негідними свободи** . Вони носять у собі провину, як знак позначення, і прокручують свої найгірші помилки, як зіпсовану платівку.

Ісус не просто заплатив за твої гріхи — Він заплатив за твій сором.

Глобальні обличчя сорому

- **Африка** – Культурні табу щодо зґвалтування, безпліддя, бездітності або невдалого шлюбу.
- **Азія** – сором, пов'язаний з безчестям, через сімейні очікування або релігійне відступництво.
- **Латинська Америка** – почуття провини за аборти, окультизм або сімейну ганьбу.
- **Європа** – Прихований сором від таємних гріхів, жорстокого поводження або проблем з психічним здоров'ям.
- **Північна Америка** – сором через залежність, розлучення, порнографію або плутанину з ідентичністю.

Сором процвітає в тиші, але він вмирає у світлі Божої любові.

Правдива історія — Нове ім'я після аборту

Жасмін зі США зробила три аборти, перш ніж прийняла Христа. Хоча вона була спасенна, вона не могла собі пробачити. Кожен День матері відчувався як прокляття. Коли люди говорили про дітей чи виховання дітей, вона почувалася невидимою — і, що ще гірше, негідною.

Під час жіночих реколекцій вона почула послання до Ісаї 61: «замість сорому, подвійна частка». Вона заплакала. Тієї ночі вона написала листи своїм ненародженим дітям, знову покаялася перед Господом і отримала видіння, в якому Ісус дав їй нові імена: «*Улюблена*», «*Мати*», «*Відновлена*».

Зараз вона служить жінкам, які перенесли аборт, і допомагає їм відновити свою ідентичність у Христі.

План дій — Вийти з тіні

1. **Назвіть сором** – Запишіть у щоденник те, що ви приховували або через що почувалися винними.
2. **Зізнайтеся у брехні** – випишіть звинувачення, яким ви повірили (наприклад, «Я брудний», «Мене дискваліфікували»).
3. **Замініть на Істину** – Проголошуйте вголос Боже Слово над собою (див. Писання нижче).
4. **Пророча дія** – напишіть слово «СОРОМ» на аркуші паперу, потім порвіть або спаліть його. Проголосіть: «*Я більше не зв'язаний цим!*»

Інструменти для вивчення Писання

- *Римлян 8:1–2* – Немає осуду в Христі
- *Ісая 61:7* – Подвійна порція для сорому.
- *Псалом 34:5* – Сяйво в Його присутності
- *Євреїв 4:16* – Сміливий доступ до Божого престолу
- *Софонія 3:19–20* – Бог усуває сором серед народів

Групова заявка та служіння

- Запропонуйте учасникам написати анонімні заяви про сором (наприклад, «Я зробила аборт», «Мене жорстоко поводили», «Я вчинила шахрайство») та покласти їх у запечатану коробку.
- Прочитайте вголос 61-й розділ книги Ісаї, а потім помоліться за обмін — жалоба замість радості, попіл замість краси, сором замість честі.
- Грайте музику для богослужіння, яка підкреслює ідентичність з Христом.
- Промовляйте пророчі слова над людьми, які готові відпустити.

Інструменти служіння:

- Картки декларації особи
- Олія для помазання
- Плейлист поклоніння з такими піснями, як «You Say» (Лорен Дейгл), «No Longer Slaves» або «Who You Say I Am»

Ключова інформація

Сором — злодій. Він краде твій голос, твою радість і твою владу. Ісус не просто простив твої гріхи — Він позбавив сором його сили.

Щоденник рефлексій

- Який найдавніший спогад про сором, який я можу згадати?
- У яку брехню я вірив про себе?
- Чи готовий я побачити себе таким, яким мене бачить Бог — чистим, сяючим та обраним?

Молитва про зцілення

Господи Ісусе, я приношу Тобі свій сором, свій прихований біль і кожен голос осуду. Я каюся, що погодився з брехнею ворога про те, хто я. Я вирішую вірити тому, що Ти кажеш — що я прощений, люблений і оновлений. Я приймаю Твій одяг праведності та крокую до свободи. Я виходжу з сорому до Твоєї слави. В ім'я Ісуса, Амінь.

ДЕНЬ 20: ДОМАШНЄ ЧАРІВСТВО — КОЛИ ТЕМРЯВА ЖИВЕ ПІД ОДНИМ ДАХОМ

« *Не кожен ворог зовні. Деякі мають знайомі обличчя».*
«Ворогами людині будуть її домашні».
— *Матвія 10:36*

Деякі з найзапекліших духовних битв відбуваються не в лісах чи святилищах, а в спальнях, кухнях та сімейних вівтарях.

Домашнє чаклунство стосується демонічних дій, що виникають усередині родини — батьків, подружжя, братів і сестер, домашнього персоналу або далеких родичів — через заздрість, окультну практику, вівтарі предків або прямі духовні маніпуляції.

Визволення стає складним, коли задіяними людьми є **ті, кого ми любимо або з ким живемо.**

Глобальні приклади домашнього чаклунства

- **Африка** – Ревнива мачуха насилає прокляття через їжу; брат/сестра викликає духів проти більш успішного брата.
- **Індія та Непал** – Матері присвячують дітей божествам при народженні; домашні вівтарі використовуються для контролю долі.
- **Латинська Америка** – Брухерія або сантерія, що таємно практикується родичами для маніпулювання подружжям або дітьми.
- **Європа** – Приховане масонство або окультні клятви в сімейних лініях; традиції екстрасенсорики або спіритизму, що передаються з покоління в покоління.
- **Північна Америка** – віканські або нью-ейдж батьки

«благословляють» своїх дітей кристалами, енергетичним очищенням або Таро.

Ці сили можуть ховатися за сімейною прихильністю, але їхня мета — контроль, застій, хвороби та духовне рабство.

Правдива історія — Мій батько, пророк села

Жінка із Західної Африки виросла в сім'ї, де її батько був дуже шанованим сільським пророком. Для сторонніх він був духовним наставником. За зачиненими дверима він ховав амулети на території садиби та приносив жертви від імені сімей, які прагнули прихильності чи помсти.

У її житті з'явилися дивні закономірності: повторювані кошмари, невдалі стосунки та незрозумілі хвороби. Коли вона віддала своє життя Христу, її батько повстав проти неї, заявивши, що вона ніколи не досягне успіху без його допомоги. Її життя роками закручувалося в глухий кут.

Після місяців опівнічних молитов і посту Святий Дух спонукав її відмовитися від будь-якого зв'язку душі з окультною мантією її батька. Вона закопала писання в стінах своїх будинків, спалила старі жетони та щодня помазувала свій поріг. Поступово почалися прориви: її здоров'я повернулося, її мрії прояснилися, і вона нарешті вийшла заміж. Тепер вона допомагає іншим жінкам, які стоять перед домашніми вівтарями.

План дій — протистояння знайомому духу

1. **Розпізнавайте без безчесті** – просіть Бога відкрити приховані сили без ненависті.
2. **Розірвіть душевні угоди** – відмовтеся від будь-якого духовного зв'язку, встановленого через ритуали, вівтарі чи усні клятви.
3. **Духовно відокремтеся** – Навіть якщо ви живете в одному будинку, ви можете **духовно відокремитися** через молитву.
4. **Освятіть свій простір** – намажте кожну кімнату, предмет і поріг олією та уривками з Писання.

Інструменти для вивчення Писання

- *Михей 7:5–7* – Не покладайся на ближнього

- *Псалом 27:10* – «Хоча батько мій і мати мій покинули мене...»
- *Луки 14:26* – Любити Христа більше, ніж родину
- *2 Царів 11:1–3* – Приховане визволення від цариці-матері-вбивці
- *Ісая 54:17* – Жодна створена зброя не матиме успіху.

Групова заявка

- Поділіться досвідом, коли опір виходив з родини.
- Моліться про мудрість, сміливість і любов перед обличчям опору домогосподарств.
- Проведіть молитву зречення від кожного зв'язку душі чи усного прокляття, сказаного родичами.

Інструменти служіння:

- Олія для помазання
- Декларації про прощення
- Молитви за звільнення від заповіту
- Псалом 91 молитва, що покриває

Ключова інформація

Родовід може бути благословенням або полем битви. Ви покликані викупити його, а не бути під його владою.

Щоденник рефлексій

- Чи я коли-небудь відчував духовний опір з боку когось із близьких?
- Чи є хтось, кому мені потрібно пробачити, навіть якщо він досі займається чаклунством?
- Чи готовий я бути відокремленим, навіть якщо це коштуватиме стосунків?

Молитва про розлуку та захист

Отче, я визнаю, що найбільший опір може виходити від найближчих мені людей. Я прощаю кожного члена сім'ї, свідомо чи несвідомо, який працює проти моєї долі. Я розриваю кожен зв'язок душі, прокляття та завіт, укладений через мою сімейну лінію, який не узгоджується з Твоїм Царством. Кров'ю Ісуса я освячую свій дім і проголошую: я та мій дім будемо служити Господу. Амінь.

ДЕНЬ 21: ДУХ ЄЗАВЕЛІ — СПОКУШАННЯ, КОНТРОЛЬ ТА РЕЛІГІЙНІ МАНІПУЛЯЦІЇ

«*Але маю Я проти тебе: ти терпиш жінку Єзавель, яка називає себе пророчицею, і своїм вченням вона зводить...*» — Об'явлення 2:20

«*Кінець її прийде нагло, і не буде лікування*». — Приповісті 6:15

Деякі духи кричать ззовні.

Єзавель шепоче зсередини.

Вона не просто спокушає — вона **узурпує, маніпулює та розбещує**, залишаючи служіння зруйнованими, шлюби задушеними, а народи спокушеними бунтом.

Що таке дух Єзавелі?

Дух Єзавелі:

- Імітує пророцтво, щоб ввести в оману
- Використовує шарм і спокусу для контролю
- Ненавидить справжню владу та змушує замовкнути пророків
- Маскує гордість за фальшивою скромністю
- Часто прив'язується до керівництва або близьких до нього людей

Цей дух може діяти через **чоловіків або жінок**, і він процвітає там, де незцілена влада, амбіції чи відторгнення.

Глобальні прояви

- **Африка** – лжепророчиці, які маніпулюють вівтарями та вимагають вірності зі страхом.
- **Азія** – релігійні містики, що змішують спокушання з видіннями, щоб домінувати в духовних колах.

- **Європа** – культи стародавніх богинь відродилися в практиках Нью-Ейдж під назвою розширення можливостей.
- **Латинська Америка** – жриці сантерії контролюють сім'ї за допомогою «духовних порад».
- **Північна Америка** – лідери думок у соціальних мережах пропагують «божественну жіночність», водночас висміюючи біблійну покору, владу чи чистоту.

Реальна історія: *Єзавель, яка сиділа на жертовнику*

У одній з карибських країн церква, що палала заради Бога, почала повільно та непомітно згасати. Заступницька група, яка колись збиралася на опівнічні молитви, почала розпадатися. Молодіжне служіння потрапило в скандал. Шлюби в церкві почали розпадатися, а колись палкий пастор став нерішучим і духовно виснаженим.

У центрі всього цього була жінка — **сестра Р.** Гарна, харизматична та щедра, нею захоплювалися багато хто. У неї завжди було «слово від Господа» та мрія про долю кожного іншого. Вона щедро жертвувала на церковні проекти та заслужила місце поруч із пастором.

За лаштунками вона підступно **обмовляла інших жінок**, спокушала молодшого пастора та сіяла розбрат. Вона позиціонувала себе як духовний авторитет, водночас непомітно підриваючи фактичне керівництво.

Однієї ночі дівчинці-підлітку в церкві наснився яскравий сон — вона побачила змію, що звивалася клубком під кафедрою і шепотіла щось у мікрофон. Злякана, вона розповіла про це своїй матері, яка принесла її пастору.

Керівництво вирішило розпочати **3-денний піст**, щоб шукати Божого керівництва. На третій день, під час молитви, сестра Р. почала проявляти свої жахливі почуття. Вона шипіла, кричала та звинувачувала інших у чаклунстві. Далі відбулося потужне звільнення, і вона зізналася: у пізньому підлітковому віці її було посвячено в духовний орден, завданням якого було **проникнути в церкви, щоб «вкрасти їхній вогонь»**.

До цієї вона вже побувала у **п'яти церквах**. Її зброєю не були гучні голоси — це були лестощі, спокушання, **емоційний контроль** та маніпуляції пророчими вчинками.

Сьогодні та церква відновила свій вівтар. Кафедру знову освячено. А та дівчина-підліток? Тепер вона палка євангелістка, яка очолює жіночий молитовний рух.

План дій — Як протистояти Єзавелі

1. **Покайтеся** у будь-якому способі, яким ви співпрацювали з маніпуляціями, сексуальним контролем чи духовною гординею.
2. **Розпізнайте** риси Єзавелі — лестощі, бунт, спокусу, фальшиве пророцтво.
3. **Розривайте душевні зв'язки** та нечестиві союзи в молитві, особливо з тими, хто відводить вас від Божого голосу.
4. **Проголошуйте свою владу** у Христі. Єзавель боїться тих, хто знає, хто вони є.

Арсенал Святого Письма:

- 1 Царів 18–21 – Єзавель проти Іллі
- Об'явлення 2:18–29 – Попередження Христа Тіятирам
- Приповісті 6:16–19 – Що Бог ненавидить
- Галатів 5:19–21 – Діла плоті

Групова заявка

- Обговоріть: Чи були ви коли-небудь свідками духовної маніпуляції? Як вона маскувалася?
- Як група, оголосіть політику «нетерпимості» до Єзавелі — у церкві, вдома чи серед лідерів.
- Якщо потрібно, пройдіть **молитву про визволення** або постіться, щоб зламати її вплив.
- Переосвятіть будь-яке служіння чи вівтар, які були скомпрометовані.

Інструменти служіння:

Використовуйте олію помазання. Створіть простір для сповіді та прощення. Співайте пісні поклоніння, які проголошують **Господство Ісуса**.

Ключова інформація

Єзавель процвітає там, де **розсудливість низька**, а **терпимість висока**. Її правління закінчується, коли пробуджується духовна влада.

Щоденник рефлексій

- Чи дозволив я маніпуляціям вести мене?
- Чи є люди або впливові особи, яких я підняв вище Божого голосу?
- Чи я замовк свій пророчий голос через страх чи контроль?

Молитва про визволення

Господи Ісусе, я відмовляюся від будь-якого союзу з духом Єзавелі. Я відкидаю спокусу, контроль, хибні пророцтва та маніпуляції. Очисти моє серце від гордині, страху та компромісів. Я повертаю собі владу. Нехай кожен вівтар, який Єзавель збудувала в моєму житті, буде зруйновано. Я зводжу Тебе, Ісусе, як Господа над моїми стосунками, покликанням та служінням. Наповни мене розсудливістю та сміливістю. В Твоє ім'я, Амінь.

ДЕНЬ 22: ПІТОНИ ТА МОЛИТВИ — ЗЛАМУЄМО ДУХ ОБМЕЖЕНЬ

«Одного разу, коли ми йшли до місця молитви, зустріла нас служниця, яка мала духа піфона...» — Дії 16:16

«Ти наступиш на лева та гадюку...» — Псалом 91:13

Є дух, який не кусається — він **стискає**.

Він душить ваш вогонь. Він обвиває ваше молитовне життя, ваше дихання, ваше поклоніння, вашу дисципліну — доки ви не почнете відмовлятися від того, що колись давало вам силу.

Це дух **Пітона** — демонічна сила, яка **обмежує духовний ріст, затримує долю, душить молитву та підробляє пророцтва**.

Глобальні прояви

- **Африка** – Дух пітона з'являється як хибна пророча сила, що діє в морських та лісових святилищах.
- **Азія** – духам змій поклонялися як божествам, яких потрібно було годувати або задобрювати.
- **Латинська Америка** – сантерійські зміїні вівтарі, що використовуються для багатства, похоті та влади.
- **Європа** – символи змій у чаклунстві, ворожінні та колах екстрасенсів.
- **Північна Америка** – Фальшиві «пророчі» голоси, що кореняться в бунті та духовній плутанині.

Свідчення: *Дівчина, яка не могла дихати*

У Марісоль з Колумбії почалася задишка щоразу, коли вона ставала на коліна, щоб помолитися. Її груди стискалися. Її сни були сповнені образами змій, що обвивалися навколо її шиї або лежали під ліжком. Лікарі не виявили жодних медичних проблем.

Одного разу її бабуся зізналася, що Марісоль у дитинстві була «присвячена» гірському духу, відомому як змій. Це був **«дух-захисник»**, але це мало свою ціну.

Під час зібрання з питань визволення Марісоль почала люто кричати, коли на неї поклали руки. Вона відчула, як щось рухається в її животі, піднімається в грудях, а потім виходить з рота, ніби повітря виходить з неї.

Після тієї зустрічі задишка зникла. Її сни змінилися. Вона почала проводити молитовні збори — саме те, що ворог колись намагався з неї вибити.

Ознаки того, що ви можете перебувати під впливом духа пітона

- Втома та важкість щоразу, коли ви намагаєтеся молитися чи поклонятися
- Пророча плутанина або оманливі сни
- Постійне відчуття задухи, блокування або зв'язування
- Депресія або відчай без чіткої причини
- Втрата духовного бажання або мотивації

План дій – Подолання звуження

1. **Покайтеся** за будь-яку причетність до окультизму, психічних розладів або дій предків.
2. **Проголошуйте, що ваше тіло і дух належать лише Богові.**
3. **Піст і війна**, використовуючи Ісаю 27:1 та Псалом 91:13.
4. **Намажте своє горло, груди та ноги** — вимагаючи свободи говорити, дихати та ходити в істині.

Уривки з Писання про визволення:

- Дії 16:16–18 – Павло виганяє духа пітона
- Ісая 27:1 – Бог карає Левіафана, змія-втікача
- Псалом 91 – Захист і влада
- Луки 10:19 – Влада топтати змій та скорпіонів

ГРУПОВА ЗАЯВКА

- Запитайте: Що душить наше молитовне життя — особисте та спільне?
- Проведіть групову молитву дихання — проголошуючи **подих Бога** (Руах) над кожним членом.
- Зламайте будь-який хибний пророчий вплив або змієподібний тиск у поклонінні та заступництві.

Інструменти служіння: Поклоніння за допомогою флейт або дихальних інструментів, символічне перерізання мотузок, молитовні хустки для свободи дихання.

Ключова інформація

Дух Пітона душить те, що Бог хоче народити. Йому потрібно протистояти, щоб відновити дихання та сміливість.

Щоденник рефлексій

- Коли я востаннє відчував повну свободу в молитві?
- Чи є ознаки духовної втоми, які я ігнорую?
- Чи я несвідомо прийняв «духовну пораду», яка принесла ще більше плутанини?

Молитва про визволення

Отче, в ім'я Ісуса, я ламаю кожного духа, що обмежує мою мету. Я відрікаюся духа пітона та всіх фальшивих пророчих голосів. Я приймаю подих Твого Духа та проголошую: Я буду вільно дихати, сміливо молитися та ходити праведно. Кожен змій, що обвиває моє життя, відсічений та вигнаний. Я отримую визволення зараз. Амінь.

ДЕНЬ 23: ПРЕСТОЛІ БЕЗЗАКОНИ — РУЙНУВАННЯ ТЕРИТОРІАЛЬНИХ ФОРТЕЛЬ

> *Чи матиме престол беззаконня, що замишляє зло через закон, спільність із Тобою?»* — Псалом 94:20

«Наша боротьба не проти крові та тіла, але проти... правителів темряви...» — Ефесян 6:12

Існують невидимі **престоли** — встановлені в містах, народах, сім'ях та системах — де демонічні сили **правлять законно** через завіти, законодавство, ідолопоклонство та тривалий бунт.

Це не випадкові напади. Це **зведені на престол влади**, глибоко вкорінені в структурах, які увічнюють зло протягом поколінь.

Доки ці престоли не будуть **духовно демонтовані**, цикли темряви зберігатимуться — незалежно від того, скільки молитов пропонуватиметься на поверхневому рівні.

Глобальні фортеці та трони

- **Африка** – Трони чаклунства в королівських родах та традиційних радах.
- **Європа** – Престоли секуляризму, масонства та легалізованого повстання.
- **Азія** – Престоли ідолопоклонства в храмах предків та політичних династій.
- **Латинська Америка** – трони наркотероризму, культів смерті та корупції.
- **Північна Америка** – Престоли збочень, абортів та расового гноблення.

Ці трони впливають на рішення, придушують істину та **поглинають долі**.

Свідчення: *Звільнення міського радника*

У місті на півдні Африки новообраний християнський радник виявив, що всі посадовці до нього або збожеволіли, або розлучилися, або раптово померли.

Після кількох днів молитов Господь явив **престол кривавої жертви**, закопаний під муніципальною будівлею. Місцевий провидець давно наклав амулети як частину територіальних претензій.

Радник зібрав молитовників, постив і проводив богослужіння опівночі в залах ради. Протягом трьох ночей співробітники повідомляли про дивні крики в стінах та мерехтіння електроенергії.

Протягом тижня почалися зізнання. Було викрито корупційні контракти, і протягом кількох місяців державні служби покращилися. Трон упав.

План дій – Повалення темряви

1. **Визначте трон** — попросіть Господа показати вам територіальні твердині у вашому місті, офісі, родовідній лінії чи регіоні.
2. **Покайтеся за землю** (заступництво в стилі Даниїла 9).
3. **Поклоняйтеся стратегічно** — престоли руйнуються, коли Божа слава бере гору (див. 2 Хр. 20).
4. **Проголосіть ім'я Ісуса** єдиним істинним Царем над цією владою.

Якірні уривки з Писання:

- Псалом 94:20 – Престоли беззаконня
- Ефесян 6:12 – Правителі та влада
- Ісая 28:6 – Дух справедливості для тих, хто вступає в бій
- 2 Царів 23 – Йосія знищує ідолопоклонницькі жертовники та престоли

ГРУПОВА ВЗАЄМОДІЯ

- Проведіть сеанс «духовної карти» вашого району чи міста.
- Запитайте: Які тут цикли гріха, болю чи гноблення?
- Призначте «вартових» для щотижневої молитви біля ключових місць для входу: шкіл, судів, ринків.
- Очолити групові постанови проти духовних правителів, використовуючи Псалом 149:5–9.

Інструменти для служіння: шофари, карти міста, оливкова олія для освячення землі, путівники для молитовних прогулянок.

Ключова інформація
Якщо ви хочете побачити трансформацію у своєму місті, **ви повинні кинути виклик трону, що стоїть за системою**, а не лише тому, що стоїть перед нею.

Щоденник рефлексій

- Чи трапляються в моєму місті чи родині повторювані битви, які здаються важливішими за мене?
- Чи успадкував я битву проти трону, який я не зводив на престол?
- Яких «правителів» потрібно скинути з місць у молитві?

Молитва війни
Господи, викрий кожен престол беззаконня, що панує над моєю територією. Я проголошую ім'я Ісуса єдиним Царем! Нехай кожен прихований жертовник, закон, угода чи влада, що нав'язує темряву, будуть розвіяні вогнем. Я займаю своє місце як заступник. Кров'ю Агнця та словом мого свідчення я руйную престоли та саджаю Христа над моїм домом, містом та народом. В ім'я Ісуса. Амінь.

ДЕНЬ 24: ФРАГМЕНТИ ДУШІ — КОЛИ ЧАСТИНИ ТЕБЕ НЕМАЄ

«*Він відновлює мою душу...*» — Псалом 23:3

«*Я зцілю твої рани, — говорить Господь, — бо тебе називають ізгоєм...*» — Єремії 30:17

Травма має властивість руйнувати душу. Насильство. Відторгнення. Зрада. Раптовий страх. Тривале горе. Ці переживання не просто залишають спогади — вони **руйнують вашу внутрішню людину**.

Багато людей виглядають цілісними, але живуть з **відсутніми частинками самих себе**. Їхня радість розколота. Їхня ідентичність розсіяна. Вони застрягли в емоційних часових зонах — частина їх застрягла в болісному минулому, тоді як тіло продовжує старіти вперед.

Це **фрагменти душі** — частини вашого емоційного, психологічного та духовного «я», які відламалися через травму, демонічне втручання або маніпуляції чаклунства.

Доки ці шматочки не будуть зібрані, зцілені та реінтегровані через **Ісуса, справжня свобода залишається недосяжною**.

Глобальні практики крадіжки душ

- **Африка** – знахарі, які фіксують «сутність» людей у банках або дзеркалах.
- **Азія** – Ритуали захоплення душі, що проводяться гуру або тантриками.
- **Латинська Америка** – шаманське розщеплення душі для контролю або прокльонів.
- **Європа** – Окультна магія дзеркал, що використовується для руйнування особистості або крадіжки прихильності.
- **Північна Америка** – Травма від розбещення, аборту чи

плутанини з ідентичністю часто створює глибокі душевні рани та роздробленість.

Історія: *Дівчина, яка нічого не відчувала*

Андреа, 25-річна дівчина з Іспанії, роками зазнавала домагань з боку члена сім'ї. Хоча вона прийняла Ісуса, вона залишалася емоційно онімілою. Вона не могла плакати, любити чи відчувати співчуття.

Один священник, який приїхав до неї, поставив їй дивне запитання: «Де ти поділася зі своєю радістю?» Заплющивши очі, Андреа згадала, як у 9 років вона згорнулася калачиком у шафі та сказала собі: «Я більше ніколи нічого не відчуватиму».

Вони помолилися разом. Андреа пробачила, відмовилася від внутрішніх обітниць і запросила Ісуса у цей особливий спогад. Вона вперше за багато років нестримно плакала. Того дня **її душа відновилась**.

План дій – Повернення та зцілення душі

1. Запитайте Святого Духа: *Де я втратив частину себе?*
2. Пробачте будь-кого, хто був причетний до цього моменту, і **відмовтеся від внутрішніх обітниць** на кшталт «Я більше ніколи не довірятиму».
3. Запросіть Ісуса у свою пам'ять і промовляйте цілющі слова в цей момент.
4. Моліться: «*Господи, віднови мою душу. Я закликаю кожну частинку себе повернутися і стати цілісною*».

Ключові уривки з Писання:

- Псалом 23:3 – Він відновлює душу
- Луки 4:18 – Зцілення розбитих серцем
- 1 Солунян 5:23 – Збережені дух, душа і тіло
- Єремія 30:17 – Зцілення ізгоїв та ран

Групова заявка

- Проведіть учасників через **сеанс молитви внутрішнього**

зцілення, спрямований на їхнє керроване внутрішнє зцілення.

- Запитайте: *Чи були у вашому житті моменти, коли ви переставали довіряти, відчувати чи мріяти?*
- Розіграйте з Ісусом роль «повернення до тієї кімнати» та спостерігайте, як Він зцілює рану.
- Нехай довірені лідери ніжно покладають руки на голови та проголошують відновлення душі.

Інструменти для служіння: музика для богослужіння, м'яке освітлення, серветки, підказки для ведення щоденника.

Ключова інформація

Визволення — це не просто вигнання демонів. Це **збирання розбитих частин та відновлення ідентичності**.

Щоденник рефлексій

- Які травматичні події досі контролюють те, як я думаю чи відчуваю сьогодні?
- Чи казав я колись: «Я більше ніколи не кохатиму» або «Я більше нікому не можу довіряти»?
- Як для мене виглядає «цілісність» — і чи готовий я до неї?

МОЛИТВА ПРО ВІДНОВЛЕННЯ

Ісусе, Ти — Пастир моєї душі. Я приношу Тобі кожне місце, де я був розбитий — страхом, соромом, болем чи зрадою. Я порушую кожну внутрішню обітницю та прокляття, вимовлені в травмі. Я прощаю тим, хто мене поранив. Тепер я закликаю кожну частинку моєї душі повернутися. Віднови мене повністю — дух, душу і тіло. Я не зламаний навіки. Я цілісний у Тобі. В ім'я Ісуса. Амінь.

ДЕНЬ 25: ПРОКЛЯТТЯ ДИВНИХ ДІТЕЙ — КОЛИ ДОЛІ ОБМІНЯЮТЬСЯ ПРИ НАРОДЖЕННІ

« *Їхні діти — діти чужі, тепер місяць пожере їх разом із їхніми ж частками*». — Осія 5:7

«*Перш ніж Я вформував тебе в утробі матері, Я знав тебе...*» — Єремія 1:5

Не кожна дитина, народжена в сім'ї, була призначена для цієї сім'ї.

Не кожна дитина, яка несе вашу ДНК, несе вашу спадщину.

Ворог здавна використовував **народження як поле битви** — обмінюючись долями, насаджуючи фальшиве потомство, укладаючи з немовлятами темні завіти та втручаючи їх у утроби ще до початку зачаття.

Це не просто фізична проблема. Це **духовна дія**, що включає вівтарі, жертвопринесення та демонічні закони.

Що таке дивні діти?

«Дивні діти» – це:

- Діти, народжені через окультне посвячення, ритуали або сексуальні зв'язки.
- Потомство змінювалося при народженні (або духовно, або фізично).
- Діти, що несуть темні завдання в сім'ю чи родовід.
- Душі, захоплені в утробі матері за допомогою чаклунства, некромантії або родових вівтарів.

Багато дітей виростають у бунтівництві, залежності, ненависті до батьків або до себе — не лише через погане виховання, а й через те, **хто духовно забрав їх при народженні**.

ГЛОБАЛЬНІ ВИРАЗИ

- **Африка** – Духовні обміни в лікарнях, забруднення матки морськими духами або ритуальний секс.
- **Індія** – Дітей посвячують у храми або долі, засновані на кармі, ще до народження.
- **Гаїті та Латинська Америка** – присвячення сантерії, діти, зачаті на вівтарях або після заклинань.
- **Західні країни** – практики ЕКЗ та сурогатного материнства іноді пов'язані з окультними контрактами або донорськими лініями; аборти, які залишають духовні двері відчиненими.
- **Корінні культури всього світу** – церемонії найменування духів або тотемні передачі ідентичності.

Історія: *Дитина з неправильним духом*

Клара, медсестра з Уганди, розповіла, як жінка привела свою новонароджену дитину на молитовну зустріч. Дитина постійно кричала, відмовлялася від молока та бурхливо реагувала на молитву.

Пророче слово відкрило, що дитину було «обмінено» духом при народженні. Мати зізналася, що знахар молився над її животом, коли вона відчайдушно хотіла дитини.

Завдяки покаянню та палким молитвам про визволення, дитина спочатку обм'якла, а потім заспокоїлася. Пізніше дитина процвітала — демонструючи ознаки відновленого миру та розвитку.

Не всі дитячі недуги є природними. Деякі з них є **властивими від зачаття** .

План дій – Повернення долі утроби матері

1. Якщо ви батько/мати, **знову присвятіть свою дитину Ісусу Христу** .
2. Відмовтеся від будь-яких пренатальних прокляття, присвячень чи завітів — навіть несвідомо складених предками.
3. Зверніться безпосередньо до духу вашої дитини в молитві: *«Ти

належиш Богові. Твоя доля відновлена».

4. Якщо у вас немає дітей, моліться над своєю утробою, відкидаючи всі форми духовних маніпуляцій чи втручання.

Ключові уривки з Писання:

- Осія 9:11–16 – Суд над чужим насінням
- Ісая 49:25 – Борючись за своїх дітей
- Луки 1:41 – Діти, сповнені Духом, від утроби матері
- Псалом 139:13–16 – Божий навмисний задум в утробі матері

Групова взаємодія

- Нехай батьки принесуть імена або фотографії своїх дітей.
- Проголосіть над кожним іменем: «Особистість вашої дитини відновлена. Кожна чужа рука відрубана».
- Моліться за духовне очищення утроби для всіх жінок (і чоловіків як духовних носіїв насіння).
- Використовуйте причастя, щоб символізувати повернення долі родової лінії.

Інструменти для служіння: Причастя, олія помазання, друковані імена або дитячі речі (за бажанням).

Ключова інформація

Сатана цілиться в утробу матері, бо **саме там формуються пророки, воїни та долі**. Але кожну дитину можна повернути через Христа.

Щоденник рефлексій

- Чи снилися мені коли-небудь дивні сни під час вагітності або після пологів?
- Чи мої діти страждають у спосіб, який здається неприродним?
- Чи готовий я зіткнутися з духовними витоками поколіннього бунту чи зволікання?

Молитва про повернення

Отче, я приношу свою утробу, своє насіння та своїх дітей до Твого вівтаря. Я каюся за будь-які двері — відомі чи невідомі — які дали ворогові доступ. Я ламаю кожне прокляття, посвячення та демонічне завдання, пов'язане з моїми дітьми. Я говорю над ними: Ви святі, обрані та запечатані для Божої слави. Ваша доля викуплена. В ім'я Ісуса. Амінь.

ДЕНЬ 26: ПРИХОВАНІ ВІВТАРІ СИЛИ — ЗВІЛЬНЕННЯ ВІД ЕЛІТНИХ ОККУЛЬТИЧНИХ ЗАВІТІВ

« *Знову диявол бере Його на дуже високу гору, і показує Йому всі царства світу та їхню славу, кажучи: "Це все дам Тобі, якщо Ти поклонишся мені"* » — Матвія 4:8–9

Багато хто вважає, що сатанинська сила може бути знайдена лише в таємних ритуалах або темних селах. Але деякі з найнебезпечніших заповітів приховані за блискучими костюмами, елітними клубами та багатопоколінним впливом.

Це **вівтарі сили** — утворені клятвами крові, посвяченнями, таємними символами та усними обіцянками, що пов'язують окремих людей, сім'ї та навіть цілі народи з пануванням Люцифера. Від масонства до каббалістичних обрядів, від східних зоряних посвячень до давньоєгипетських та вавилонських шкіл містерій — вони обіцяють просвітлення, але приносять рабство.

Глобальні зв'язки

- **Європа та Північна Америка** – масонство, розенкрейцери, орден Золотої Зорі, «Череп і кістки», богемський гай, ініціації в Каббалу.
- **Африка** – політичні криваві пакти, торги з духом предків за правління, союзи чаклунства високого рівня.
- **Азія** – Ілюміновані суспільства, пакти духів драконів, династії кровних ліній, пов'язані з давнім чаклунством.
- **Латинська Америка** – політична сантерія, ритуальний захист, пов'язаний з картелями, пакти, укладені заради успіху та імунітету.

- **Близький Схід** – давньовавилонські, ассирійські обряди, що передавалися під релігійним або королівським ликом.

Свідчення – Онук масона знаходить свободу

Карлос, який виріс у впливовій родині в Аргентині, ніколи не знав, що його дід досяг 33-го ступеня масонства. Дивні прояви переслідували його життя — сонний параліч, саботаж стосунків та постійна нездатність досягати прогресу, як би він не старався.

Після відвідування навчання про визволення, яке викрило зв'язки еліти з окультизмом, він зіткнувся з історією своєї родини та знайшов масонські регалії та приховані щоденники. Під час опівнічного посту він зрікся кожного кровного заповіту та проголосив свободу у Христі. Того ж тижня він отримав прорив у роботі, на який чекав роками.

Високі вівтарі створюють опозицію високого рівня, але **кров Ісуса** говорить голосніше за будь-яку клятву чи ритуал.

План дій – Викриття Прихованої Ложі

1. **Дослідіть**: Чи є у вашій родині масонські, езотеричні або таємні зв'язки?
2. **Відмовтеся від** кожного відомого та невідомого завіту, використовуючи заяви, засновані на Матвія 10:26–28.
3. **Спаліть або видаліть** будь-які окультні символи: піраміди, всевидючі очі, компаси, обеліски, кільця або шати.
4. **Моліться вголос**:

«Я порушую всі приховані угоди з таємними товариствами, культами світла та фальшивими братствами. Я служу лише Господу Ісусу Христу».

Групова заявка

- Нехай учасники випишуть будь-які відомі або підозрювані зв'язки з елітою з окультизмом.
- Здійсніть **символічний акт розриву зв'язків** — розірвіть папери, спаліть зображення або помажте їхні чола як печатку розлуки.
- Використайте **Псалом 2**, щоб проголосити розкриття національних та сімейних змов проти помазанця Господнього.

Ключова інформація
Найбільша хватка сатани часто прихована в таємниці та престижі. Справжня свобода починається, коли ви викриваєте, відрікаєтеся та заміняєте ці вівтарі поклонінням та істиною.

Щоденник рефлексій

- Чи успадкував я багатство, владу чи можливості, які здаються мені духовно «незручними»?
- Чи є в моєму родоводі таємні зв'язки, які я ігнорував?
- Скільки мені коштуватиме позбавлення безбожних доступу до влади — і чи готовий я до цього?

Молитва про визволення

Отче, я виходжу з кожної прихованої ложі, вівтаря та угоди — в моє ім'я або в інтересах моєї кровної лінії. Я розриваю кожен зв'язок душі, кожен кровний зв'язок і кожну клятву, дану свідомо чи несвідомо. Ісусе, Ти — моє єдине Світло, моя єдина Істина і моє єдине покриття. Нехай Твій вогонь поглине кожен нечестивий зв'язок з владою, впливом чи обманом. Я отримую повну свободу, в ім'я Ісуса. Амінь.

ДЕНЬ 27: НЕЧЕСНІ АЛЬЯНСИ — МАСОНСТВО, ІЛЮМІНАТИ ТА ДУХОВНЕ ПРОНИКНЕННЯ

«Не майте нічого спільного з марними ділами темряви, а радше викривайте їх» — Ефесян 5:11

«Не можете пити чаші Господньої і чаші демонів одночасно» — 1 Коринтян 10:21

Існують таємні товариства та глобальні мережі, які представляють себе як нешкідливі братські організації, пропонуючи благодійність, зв'язок або просвітлення. Але за завісою ховаються глибші клятви, кровні ритуали, душевні зв'язки та шари люциферіанської доктрини, закутані у «світло».

Масонство, ілюмінати, «Східна зірка», «Череп і кістки» та їхні сестринські мережі — це не просто соціальні клуби. Це вівтарі вірності — деякі з яких сягають століть — призначені для духовного проникнення в сім'ї, уряди та навіть церкви.

Глобальний слід

- **Північна Америка та Європа** – масонські храми, ложі Шотландського обряду, музей «Череп і кістки» Єльського університету.
- **Африка** – Політичні та королівські посвячення з масонськими обрядами, криваві пакти для захисту або влади.
- **Азія** – школи Каббали, замасковані під містичне просвітлення, таємні чернечі обряди.
- **Латинська Америка** – Приховані елітні ордени, сантерія, поєднана з впливом еліти та кровними пактами.
- **Близький Схід** – давньовавилонські таємні товариства, пов'язані зі структурами влади та поклонінням фальшивому світлу.

ЦІ МЕРЕЖІ ЧАСТО:

- Вимагати крові або усних клятв.
- Використовуйте окультні символи (циркуль, піраміди, очі).
- Проводити церемонії, щоб закликати або присвятити свою душу ордену.
- Дарувати вплив або багатство в обмін на духовний контроль.

Свідчення – Сповідь єпископа

Єпископ у Східній Африці зізнався перед своєю церквою, що колись вступив до масонства на низькому рівні під час навчання в університеті — просто заради «зв'язків». Але, піднімаючись кар'єрними сходами, він почав бачити дивні вимоги: клятву мовчання, церемонії із зав'язками на очах та символами, і «світло», яке робило його молитовне життя холодним. Він перестав мріяти. Він не міг читати Святе Письмо.

Після покаяння та публічного зречення від кожного сану та обітниць, духовний туман розвіявся. Сьогодні він сміливо проповідує Христа, викриваючи те, в чому колись брав участь. Кайдани були невидимими — доки їх не розірвали.

План дій – Подолання впливу масонства та таємних товариств

1. **Визначте** будь-яку особисту або сімейну причетність до масонства, розенкрейцерів, кабали, ордену «Череп і кістки» чи подібних таємних орденів.
2. **Відмовтеся від кожного рівня або ступеня ініціації**, від 1-го до 33-го або вище, включаючи всі ритуали, жетони та клятви. (Ви можете знайти онлайн-уроки зречення з метою керованого звільнення.)
3. **Моліться з владою**:

«Я порушую кожен душевний зв'язок, кровний завіт і клятву, дану таємним товариствам — мною чи від мого імені. Я повертаю свою душу для Ісуса Христа!»

1. **Знищуйте символічні предмети** : регалії, книги, сертифікати, персні або обрамлені зображення.
2. **Оголосіть** свободу, використовуючи:
    - *Галатів 5:1*
    - *Псалом 2:1–6*
    - *Ісая 28:15–18*

Групова заявка

- Нехай група заплющить очі та попросить Святого Духа відкрити будь-які таємні зв'язки чи сімейні зв'язки.
- Корпоративне зречення: пройдіть молитву, щоб засудити кожен відомий чи невідомий зв'язок з елітними орденами.
- Використовуйте причастя, щоб запечатати розрив і знову узгодити завіти з Христом.
- Помазування голів і рук — відновлення ясності розуму та святих справ.

Ключова інформація

Те, що світ називає «елітою», Бог може назвати мерзотою. Не всякий вплив святий — і не всяке світло є Світлом. Не існує такого поняття, як нешкідлива таємниця, коли йдеться про духовні клятви.

Щоденник рефлексій

- Чи був я членом таємних орденів чи містичних груп просвітління, або цікавився ними?
- Чи є у моїй вірі ознаки духовної сліпоти, застою чи холодності?
- Чи потрібно мені мужньо та граційно ставитися до сімейних проблем?

Молитва про свободу

Господи Ісусе, я приходжу до Тебе як до єдиного істинного Світла. Я відрікаюся від усіх пут, кожної клятви, кожного фальшивого світла та кожного прихованого ордену, який претендує на мене. Я відкидаю масонство, таємні товариства, стародавні братства та кожен духовний зв'язок, пов'язаний з темрявою. Я заявляю, що я перебуваю лише під кров'ю Ісуса — *запечатаний, визволений і вільний. Нехай Твій Дух спалить усі залишки цих завітів. В ім'я Ісуса, амінь.*

ДЕНЬ 28: КАББАЛА, ЕНЕРГЕТИЧНІ МЕРЕЖІ ТА ПРИВАБА МІСТИЧНОГО «СВІТЛА»

> *Бо сам сатана видає себе за ангела світла»* — 2 Коринтян 11:14
> *«Світло, що в тобі, то темрява, яка ж глибока та темрява!»* — Луки 11:35

В епоху, одержимої духовним просвітленням, багато хто несвідомо занурюється в давні каббалістичні практики, енергетичне зцілення та містичні світлові вчення, що кореняться в окультних доктринах. Ці вчення часто маскуються під «християнський містицизм», «єврейську мудрість» або «науково обґрунтовану духовність» — але вони походять з Вавилону, а не з Сіону.

Каббала — це не просто єврейська філософська система; це духовна матриця, побудована на таємних кодах, божественних еманаціях (Сефірот) та езотеричних шляхах. Це той самий спокусливий обман, що стоїть за Таро, нумерологією, зодіакальними порталами та сітками Нью-Ейдж.

Багато знаменитостей, інфлюенсерів та бізнес-магнатів носять червоні нитки, медитують з кристалічною енергією або дотримуються Зоар, не усвідомлюючи, що вони беруть участь у невидимій системі духовного захоплення.

Глобальні заплутаності

- **Північна Америка** – центри Каббали, замасковані під оздоровчі простори; керовані енергетичні медитації.
- **Європа** – друїдська каббала та езотеричне християнство викладалися в таємних орденах.
- **Африка** – культи процвітання, що змішують священні писання з нумерологією та енергетичними порталами.

- **Азія** – зцілення чакр перейменовано на «активацію світла», узгоджену з універсальними кодами.
- **Латинська Америка** – святі, змішані з каббалістичними архангелами в містичному католицизмі.

Це спокуса фальшивого світла — де знання стає богом, а освітлення — в'язницею.

Справжнє свідчення – Вихід зі «світлової пастки»

Марісоль, південноамериканська бізнес-тренерка, вважала, що відкрила справжню мудрість за допомогою нумерології та «потоку божественної енергії» від каббалістичного наставника. Її сни стали яскравими, бачення чіткими. Але її спокій? Зник. Її стосунки? Руйнуються.

Вона почала мучити себе темними істотами уві сні, попри щоденні «світлі молитви». Подруга надіслала їй відеосвідчення колишнього містика, який зустрів Ісуса. Тієї ночі Марісоль звернулася до Ісуса. Вона побачила сліпуче біле світло — не містичне, а чисте. Повернувся мир. Вона знищила свої матеріали та розпочала свою подорож до звільнення. Сьогодні вона керує християнською менторською платформою для жінок, які потрапили в пастку духовного обману.

План дій – Відмова від хибного освітлення

1. **Перевірте** свою схильність до впливу: Чи читали ви містичні книги, займалися енергетичним зціленням, стежили за гороскопами чи носили червоні нитки?
2. **Покайтеся** за те, що шукали світла поза Христом.
3. **Розірвати зв'язки** з:
   - Вчення Каббали/Зогару
   - Енергетична медицина або світлова активація
   - Заклики ангелів або розшифровка імен
   - Сакральна геометрія, нумерологія або «коди»
4. **Моліться вголос**:

«Ісусе, Ти — Світло для світу. Я відрікаюся від кожного фальшивого світла, кожного окультного вчення та кожної містичної пастки. Я повертаюся до Тебе як до єдиного джерела істини!»

1. **Уривки з Писання для проголошення:**
    - Івана 8:12
    - Повторення Закону 18:10–12
    - Ісая 2:6
    - 2 Коринтян 11:13–15

Групова заявка

- Запитайте: Чи брали ви (або ваша родина) коли-небудь участь у вченнях Нью-Ейдж, нумерології, Каббали чи містичного «світла» або стикалися з ними?
- Групове зречення від фальшивого світла та повторне присвячення Ісусу як єдиному Світлу.
- Використовуйте образи солі та світла — дайте кожному учаснику дрібку солі та свічку, щоб він проголосив: «Я — сіль і світло лише у Христі».

Ключова інформація

Не все світло святе. Те, що освітлює поза Христом, зрештою поглине.

Щоденник рефлексій

- Чи шукав я знання, силу чи зцілення поза Словом Божим?
- Від яких духовних інструментів чи вчень мені потрібно позбутися?
- Чи є хтось, кого я познайомив із практиками Нью-Ейдж або «легких» практик, і мені тепер потрібно повернути його до цього процесу?

Молитва про визволення

Отче, я не погоджуюся з кожним духом фальшивого світла, містицизму та таємного знання. Я відрікаюся каббали, нумерології, сакральної геометрії та кожного темного коду, що видає себе за світло. Я проголошую, що Ісус є Світлом мого життя. Я відходжу від шляху обману та ступаю на шлях істини. Очисти мене Своїм вогнем і наповни мене Святим Духом. В ім'я Ісуса. Амінь.

ДЕНЬ 29: ЗАВЕСА ІЛЮМІНАТІВ — РОЗКРИТТЯ ЕЛІТНИХ ОКУЛЬТНИХ МЕРЕЖ

» *Земні царі повстають, і правителі збираються разом проти Господа та проти Його Помазанця».* — Псалом 2:2

«Немає нічого таємного, що не вийде на світло, і нічого захованого, що не вийде на світло». — Луки 8:17

У нашому світі існує світ. Прихований у всіх на виду.

Від Голлівуду до високих фінансів, від політичних коридорів до музичних імперій, мережа темних альянсів та духовних контрактів керує системами, що формують культуру, думку та владу. Це більше, ніж змова — це стародавній бунт, переоформлений для сучасної сцени.

Ілюмінати, по суті, це не просто таємне товариство, це люциферіанська програма. Духовна піраміда, де ті, хто знаходиться на вершині, кляються у вірності через кров, ритуали та обмін душами, часто загорнуті в символи, моду та попкультуру, щоб зумовити маси.

Йдеться не про паранойю. Йдеться про усвідомленість.

РЕАЛЬНА ІСТОРІЯ – ПОДОРОЖ від слави до віри

Маркус був музичним продюсером, що піднімається на вершину популярності в США. Коли його третій великий хіт потрапив до чартів, його познайомили з ексклюзивним клубом — впливовими чоловіками та жінками, духовними «наставниками», контрактами, просякнутими таємницею. Спочатку це здавалося елітним наставництвом. Потім почалися сеанси «закликання» — темні кімнати, червоні вогні, співи та ритуали з дзеркалами. Він почав переживати позатілесні подорожі, голоси шепотіли йому пісні вночі.

Однієї ночі, під впливом мук та мук, він намагався покінчити життя самогубством. Але Ісус втрутився. Заступництво бабусі, що молилася, дало результат. Він утік, зрікся системи та розпочав довгу подорож до визволення. Сьогодні він викриває темряву цієї галузі через музику, яка свідчить про світло.

ПРИХОВАНІ СИСТЕМИ КОНТРОЛЮ

- **Кровні жертвопринесення та сексуальні ритуали** – Посвячення у владу вимагає обміну: тілом, кров'ю або невинністю.
- **Програмування розуму (патерни MK Ultra)** – використовується в медіа, музиці, політиці для створення роздроблених ідентичностей та керуючих.
- **Символізм** – пірамідальні очі, фенікси, шахова дошка на підлозі, сови та перевернуті зірки – ворота вірності.
- **Люциферіанська доктрина** – «Роби, що хочеш», «Стань своїм власним богом», « Просвітлення світлоносія ».

План дій – Звільнення від павутиння еліти

1. **Покайтеся** за участь у будь-якій системі, пов'язаній з окультним наділом силою, навіть несвідомо (музика, медіа, контракти).
2. **Відмовтеся від** слави будь-якою ціною, прихованих угод чи захоплення елітним способом життя.
3. **Моліться** за кожен контракт, бренд чи мережу, частиною якої ви є . Попросіть Святого Духа викрити приховані зв'язки.
4. **Оголосіть голосно** :

«Я відкидаю будь-яку систему, клятву та символ темряви. Я належу до Царства Світла. Моя душа не продається!»

1. **Якірні вірші з Писання** :
    - Ісая 28:15–18 – Заповіт зі смертю не владнатиме

- Псалом 2 – Бог сміється над лукавими змовами
- 1 Коринтян 2:6–8 – Правителі цього віку не розуміють Божої мудрості

ГРУПОВА ЗАЯВКА

- Проведіть групу на сеансі **очищення символів** — принесіть зображення або логотипи, щодо яких у учасників є запитання.
- Заохочуйте людей ділитися інформацією про те, де вони бачили знаки ілюмінатів у поп-культурі, і як це вплинуло на їхні погляди.
- Запросіть учасників **знову присвятити свій вплив** (музика, мода, медіа) меті Христа.

Ключова інформація

Найсильніша обманка — та, що ховається за гламуром. Але коли маску знімають, ланцюги рвуться.

Щоденник рефлексій

- Чи мене приваблюють символи чи рухи, які я не до кінця розумію?
- Чи давав я обітниці чи угоди в гонитві за впливом чи славою?
- Яку частину свого дару чи платформи мені потрібно знову віддати Богові?

Молитва про свободу

Отче, я відкидаю кожну приховану структуру, клятву та вплив ілюмінатів та елітного окультизму. Я зрікаюся слави без Тебе, влади без мети та знання без Святого Духа. Я скасовую кожен кровний чи словесний завіт, будь-коли укладений наді мною, свідомо чи несвідомо. Ісусе, я зводжу Тебе на престол як Господа над моїм розумом, дарами та долею. Викрий та зруйнуй кожен невидимий ланцюг. У Твоє ім'я я піднімаюся і ходжу у світлі. Амінь.

ДЕНЬ 30: ШКОЛИ ТАЄМНИЦЬ — ДАВНІ ТАЄМНИЦІ, СУЧАСНЕ НЕВОЛЬСТВО

« *Їхнє горло — відкриті гроби, їхній язик чинить обман, отрута гадюча на їхніх губах».* — Римлян 3:13

«*Не називайте змовою все, що цей народ називає змовою; не бійтеся того, чого вони бояться... Господа Всемогутнього ви повинні вважати святим...*» — Ісаї 8:12–13

Задовго до появи ілюмінатів існували стародавні школи містерій — Єгипет, Вавилон, Греція, Персія — призначені не лише для передачі «знань», а й для пробудження надприродної сили через темні ритуали. Сьогодні ці школи відроджуються в елітних університетах, духовних ретритах, таборах «усвідомлення», навіть через онлайн-курси, замасковані під особистісний розвиток або пробудження свідомості вищого порядку.

Від кіл Каббали до теософії, герметичних орденів і розенкрейцерів — мета одна й та сама: «стати подібними до богів», пробуджуючи приховану силу без підкорення Богові. Приховані співи, сакральна геометрія, астральна проекція, розблокування шишкоподібної залози та церемоніальні ритуали вводять багатьох у духовне рабство під виглядом «світла».

Але кожне «світло», яке не вкорінене в Ісусі, є світлом фальшивим. І кожну приховану клятву потрібно порушити.

Реальна історія – від адепта до покинутого

Сандра*, південноафриканський велнес-тренер, була посвячена в єгипетський містичний орден через програму наставництва. Навчання включало вирівнювання чакр, медитації на сонці, місячні ритуали та сувої давньої мудрості. Вона почала відчувати «завантаження» та «вознесіння», але незабаром це перетворилося на панічні атаки, сонний параліч та суїцидальні напади.

Коли служитель служби викриття викрив джерело, Сандра зрозуміла, що її душа була зв'язана обітницями та духовними контрактами. Відмова від ордену означала втрату доходу та зв'язків, але вона здобула свободу. Сьогодні вона керує центром зцілення, зосередженим на Христі, попереджаючи інших про обман Нью-Ейдж.

Спільні риси сучасних шкіл містерій

- **Каббалічні кола** – єврейський містицизм, змішаний з нумерологією, поклонінням ангелам та астральними планами.
- **Герметизм** – доктрина «як угорі, так і внизу»; надання душі можливості маніпулювати реальністю.
- **Розенкрейцери** – таємні ордени, пов'язані з алхімічною трансформацією та вознесінням духів.
- **Масонство та езотеричні братства** – багаторівневий розвиток у приховане світло; кожен ступінь пов'язаний клятвами та ритуалами.
- **Духовні ретрити** – психоделічні церемонії «просвітлення» з шаманами або «гідами».

План дій – Зруйнування стародавніх ярмів

1. **Відмовтеся від** усіх завітів, укладених через посвячення, курси чи духовні контракти поза Христом.
2. **Скасуйте** силу кожного джерела «світла» чи «енергії», яке не вкорінене у Святому Дусі.
3. **Очистіть** свій дім від символів: анхів, ока Гора, сакральної геометрії, вівтарів, ладану, статуй або ритуальних книг.
4. **Оголосіть вголос:**

«Я відкидаю кожен стародавній і сучасний шлях до хибного світла. Я підкоряюся Ісусу Христу, істинному Світлу. Кожна таємна клятва порушується Його кров'ю».

ЯКІРНІ ПИСАННЯ

- Колосян 2:8 – Без порожньої та оманливої філософії
- Івана 1:4–5 – Правдиве Світло світить у темряві
- 1 Коринтян 1:19–20 – Бог знищує мудрість мудрих

ГРУПОВА ЗАЯВКА

- Влаштуйте символічну ніч «спалювання сувоїв» (Дії 19:19) — коли члени групи приносять і знищують будь-які окультні книги, ювелірні вироби, предмети.
- Моліться за людей, які «завантажили» дивні знання або відкрили чакри третього ока за допомогою медитації.
- Проведіть учасників через молитву **«передачі світла»** — попросіть Святого Духа взяти під контроль кожну сферу, яка раніше була підвладна окультному світлу.

КЛЮЧОВА ІНФОРМАЦІЯ

Бог не приховує істину в загадках та ритуалах — Він відкриває її через Свого Сина. Остерігайтеся «світла», яке тягне вас у темряву.

ЩОДЕННИК РЕФЛЕКСІЙ

- Чи я записався до якоїсь онлайн- або фізичної школи, яка обіцяє давню мудрість, активацію або таємничі сили?
- Чи є книги, символи чи ритуали, які я колись вважав нешкідливими, але тепер відчуваю провину за них?
- Де я шукав духовного досвіду більше, ніж стосунків з Богом?

Молитва про визволення

Господи Ісусе, Ти є Шлях, Істина і Світло. Я каюся за кожен шлях, яким я йшов, обминаючи Твоє Слово. Я відрікаюся від усіх містичних шкіл, таємних орденів, клятв та посвячень. Я розриваю душевні зв'язки з усіма провідниками, вчителями, духами та системами, що кореняться в давньому обмані. Засяй Своїм світлом у кожному прихованому куточку мого серця та наповни мене істиною Твого Духа. В ім'я Ісуса я ходжу вільним. Амінь.

ДЕНЬ 31: КАБАЛА, СВЯЩЕННА ГЕОМЕТРІЯ ТА ЕЛІТНИЙ СВІТЛОВИЙ ОБМАН

« *Бо сам сатана видає себе за ангела світла».* — 2 Коринтян 11:14
«Таємне належить Господу, Богу нашому, а явне належить нам...» — Повторення Закону 29:29

У нашому прагненні духовних знань криється небезпека — спокуса «прихованої мудрості», яка обіцяє силу, світло та божественність окремо від Христа. Від кіл знаменитостей до таємних лож, від мистецтва до архітектури, схема обману прокладає собі шлях по всьому світу, залучаючи шукачів до езотеричної павутини **Каббали** , **сакральної геометрії** та **містичних вчень** .

Це не нешкідливі інтелектуальні дослідження. Це шляхи до духовних завітів із занепалими ангелами, що маскуються під світло.

ГЛОБАЛЬНІ ПРОЯВИ

- **Голлівуд та музична індустрія** – багато знаменитостей відкрито носять браслети Каббали або татуювання зі священними символами (наприклад, Дерево життя), що простежуються до окультного єврейського містицизму.
- **Мода та архітектура** – масонські дизайни та сакральні геометричні візерунки (Квітка Життя, гексаграми, Око Гора) вбудовані в одяг, будівлі та цифрове мистецтво.
- **Близький Схід та Європа** – Центри вивчення Каббали процвітають серед еліти, часто змішуючи містицизм з

нумерологією, астрологією та ангельськими закликами.
- **Онлайн-коледжа та кола Нью-Ейдж по всьому світу** – YouTube, TikTok та подкасти нормалізують вчення «світлові коди», «енергетичні портали», «вібрації 3–6–9» та «божественну матрицю», засновані на сакральній геометрії та каббалістичних рамках.

Справжня історія — Коли світло стає брехнею

Яна, 27-річна шведка, почала досліджувати Каббалу після того, як почала знайомитися зі своїм улюбленим співаком, який вважав Каббалу за свій «творчий пробудження». Вона купила браслет з червоної нитки, почала медитувати з геометричними мандалами та вивчати імена ангелів зі стародавніх єврейських текстів.

Речі почали змінюватися. Її сни стали дивними. Уві сні вона відчувала поруч істот, які шепотіли їй мудрість, а потім вимагали крові. Тіні переслідували її, але вона прагнула більшого світла.

Зрештою, вона натрапила на відео про визволення в інтернеті та зрозуміла, що її муки були не духовним вознесінням, а духовним обманом. Після шести місяців сеансів визволення, посту та спалювання всіх каббалістичних предметів у її будинку, мир почав повертатися. Тепер вона попереджає інших у своєму блозі: «Фальшиве світло мало не знищило мене».

РОЗПІЗНАВАННЯ ШЛЯХУ

Каббала, хоча іноді й одягнена в релігійні шати, відкидає Ісуса Христа як єдиний шлях до Бога. Вона часто звеличує **божественне «я»**, сприяє **ченнелінгу** та **вознесіння до дерева життя**, а також використовує **математичний містицизм** для викликання сили. Ці практики відкривають **духовні ворота** — не до небес, а до сутностей, що маскуються під носіїв світла.

Багато каббалістичних доктрин перетинаються з:

- масонство

- Розенкрейцерство
- Гностицизм
- Люциферіанські культи просвітництва

Спільний знаменник? Прагнення до божественності без Христа.

План дій – Викриття та усунення хибного світла

1. **Покайтеся** за будь-яке залучення до Каббали, нумерології, сакральної геометрії чи вчень «таємничої школи».
2. **Знищте предмети** у вашому домі, пов'язані з цими практиками — мандали, вівтарі, тексти Каббали, кришталеві сітки, прикраси зі священними символами.
3. **Відмовтеся від духів фальшивого світла** (наприклад, Метатрона, Разіеля, Шекіни в містичній формі) та накажіть кожному фальшивому ангелу піти.
4. **Поринте** у простоту та достатність Христа (2 Коринтян 11:3).
5. **Постіться та намастіть** себе — очі, чоло, руки — відрікаючись від усієї хибної мудрості та проголошуючи свою вірність лише Богові.

Групова заявка

- Поділіться будь-якими зустрічами зі «світловими вченнями», нумерологією, каббалою чи священними символами.
- Групою перелічіть фрази або переконання, які звучать «духовно», але суперечать Христу (наприклад, «Я божественний», «Всесвіт забезпечує», «свідомість Христа»).
- Помажте кожну людину олією, проголошуючи Івана 8:12 — *«Ісус — світло для світу»*.
- Спаліть або викиньте будь-які матеріали чи предмети, що містять посилання на сакральну геометрію, містицизм або «божественні коди».

КЛЮЧОВА ІНФОРМАЦІЯ

Сатана не приходить спочатку як руйнівник. Він часто приходить як просвітлювач — пропонуючи таємні знання та фальшиве світло. Але це світло веде лише до глибшої темряви.

Щоденник рефлексій

- Чи відкрив я свій дух якомусь «духовному світлу», яке оминуло Христа?
- Чи є там символи, фрази чи предмети, які я вважав нешкідливими, але тепер розпізнаю як портали?
- Чи я поставив особисту мудрість вище за біблійну істину?

Молитва про визволення

Отче, я відрікаюся від кожного фальшивого світла, містичного вчення та таємного знання, що обплутали мою душу. Я сповідую, що тільки Ісус Христос є істинним Світлом світу. Я відкидаю Каббалу, сакральну геометрію, нумерологію та всі доктрини демонів. Нехай кожен фальшивий дух зараз буде вирваний з мого життя. Очисти мої очі, мої думки, мою уяву та мій дух. Я тільки Твій — дух, душа і тіло. В ім'я Ісуса. Амінь.

ДЕНЬ 3 2: ЗМІЇВИЙ ДУХ ВСЕРЕДИНІ — КОЛИ ВИЗВОЛЕННЯ ПРИХОДИТЬ ЗАНАДТО ПІЗНО

« Їхні очі повні перелюбу... вони спокушають нестійкі душі... вони йдуть дорогою Валаама... для якого темрява навіки приготована». — 2 Петра 2:14–17

«Не обманюйтеся: Бог осміяний не буде. Що людина посіє, те й пожне». — Галатів 6:7

Існує демонічна підробка, яка видає себе за просвітлення. Вона зціляє, заряджає енергією, надає сили — але лише на певний час. Вона шепоче божественні таємниці, відкриває ваше «третє око», вивільняє силу в хребті — а потім **поневолює вас у муках**.

Це **Кундаліні**.

Зміїний **дух**.

Фальшивий «святий дух» Нової Ейдж.

Після активації — через йогу, медитацію, психоделіки, травми чи окультні ритуали — ця сила скручується біля основи хребта та піднімається, як вогонь, через чакри. Багато хто вважає це духовним пробудженням. Насправді ж це **одержимість демонами,** замаскована під божественну енергію.

Але що відбувається, коли воно **не зникає**?

Реальна історія – «Я не можу це вимкнути»

Марісса, молода християнка з Канади, пробувала себе в «християнській йогою», перш ніж присвятити своє життя Христу. Вона любила спокійні почуття, вібрації, світлові видіння. Але після одного інтенсивного сеансу, під час якого вона відчула, як її хребет «займається», вона втратила свідомість — і прокинулася, не маючи змоги дихати. Тієї ночі щось почало **мучити її сон**, викручуючи її тіло, з'являючись у снах як «Ісус», але насміхаючись з неї.

Вона п'ять разів отримувала **визволення**. Духи йшли, але поверталися. Її хребет все ще вібрував. Її очі постійно бачили духовний світ. Її тіло мимоволі рухалося. Незважаючи на спасіння, вона тепер проходила через пекло, яке мало хто з християн розумів. Її дух був врятований, але її душа була **зневажена, розтріскана та роздроблена**.

Наслідки, про які ніхто не говорить

- **Третє око залишається відкритим**: постійні видіння, галюцинації, духовний шум, «ангели», що говорять неправду.
- **Тіло не перестає вібрувати**: неконтрольована енергія, тиск у черепі, прискорене серцебиття.
- **Невблаганні муки**: Навіть після 10+ сеансів звільнення.
- **Ізоляція**: Пастори не розуміють. Церкви ігнорують проблему. Людину називають «нестабільною».
- **Страх пекла**: Не через гріх, а через муки, які не мають кінця.

Чи можуть християни досягти точки неповернення?

Так — у цьому житті. Ви можете бути **врятовані**, але настільки роздроблені, що **ваша душа мучиться до смерті**.

Це не нагнітання страху. Це **пророче попередження**.

Глобальні приклади

- **Африка** – Лжепророки вивільняють вогонь Кундаліні під час служб – люди б'ються в конвульсіях, піняться, сміються або ревуть.
- **Азія** – Майстри йоги підносяться до «сіддхі» (одержимості демонами) і називають це божественною свідомістю.
- **Європа/Північна Америка** – Неохаризматичні рухи, що пропагують «сфери слави», гавкають, сміються, падають безконтрольно – не від Бога.
- **Латинська Америка** – шаманські пробудження з використанням аяуаски (рослинних препаратів) для відкриття духовних дверей,

які вони не можуть зачинити.

ПЛАН ДІЙ — ЯКЩО ВИ зайшли надто далеко

1. **Сповідайте точний портал**: Кундаліні-йога, медитації третього ока, церкви Нью-Ейдж, психоделіки тощо.
2. **Припиніть будь-яку гонитву за звільненням**: деякі духи мучать довше, коли ви продовжуєте вселяти їм силу страху.
3. **закріплюйте себе у Святому Письмі** — особливо у Псалмі 119, Ісаї 61 та Євангелії від Івана 1. Вони оновлюють душу.
4. **Надіслати до спільноти**: Знайдіть хоча б одного віруючого, сповненого Святого Духа, з яким можна ходити. Ізоляція дає силу демонам.
5. **Відмовтеся від будь-якого духовного «зору», вогню, знання, енергії** — навіть якщо це здається святим.
6. **Просіть Бога про милосердя** — Не раз. Щодня. Щогодини. Наполегливо тримайтеся. Бог може не забрати це миттєво, але Він понесе вас.

ГРУПОВА ЗАЯВКА

- Влаштуйте час для мовчазних роздумів. Запитайте себе: чи прагнув я духовної сили більше, ніж духовної чистоти?
- Моліться за тих, хто страждає від невпинних мук. НЕ обіцяйте миттєвого звільнення — обіцяйте **учнівство**.
- Навчіть розрізняти **плоди Духа** (Галатів 5:22–23) та **душевні прояви** (тремтіння, жар, видіння).
- Спаліть або знищіть кожен предмет нової ери: символи чакр, кристали, килимки для йоги, книги, олії, «картки Ісуса».

Ключова інформація

Існує **межа**, яку можна перетнути — коли душа стає відкритим воротом і відмовляється зачиняти. Ваш дух може бути врятований... але ваша душа і тіло можуть все ще жити в муках, якщо вас осквернило окультне світло.

Щоденник рефлексій

- Чи я колись прагнув влади, вогню чи пророчого бачення більше, ніж святості та істини?
- Чи відкрив я двері через «християнізовані» практики Нью-Ейдж?
- Чи готовий я **щодня ходити** з Богом, навіть якщо повне визволення займе роки?

Молитва виживання

Отче, я кличу про милосердя. Я відрікаюся від кожного зміїного духа, сили Кундаліні, відкриття третього ока, фальшивого вогню чи підробки Нью-Ейдж, до яких я коли-небудь торкався. Я віддаю свою душу — розбиту, якою вона є — назад Тобі. Ісусе, врятуй мене не лише від гріха, а й від мук. Запечатай мої ворота. Зціли мій розум. Заплющ мої очі. Розчави змія в моєму хребті. Я чекаю на Тебе, навіть у болю. І я не здамся. В ім'я Ісуса. Амінь.

ДЕНЬ 33: ЗМІЇВИЙ ДУХ ВСЕРЕДИНІ — КОЛИ ВИЗВОЛЕННЯ ПРИХОДИТЬ ЗАНАДТО ПІЗНО

» *«Їхні очі повні перелюбу... вони спокушають нестійкі душі... вони йдуть дорогою Валаама... для якого темрява навіки приготована».* — 2 Петра 2:14–17

«Не обманюйтеся: Бог осміяний не буде. Що людина посіє, те й пожне». — Галатів 6:7

Існує демонічна підробка, яка видає себе за просвітлення. Вона зцілює, заряджає енергією, надає сили — але лише на певний час. Вона шепоче божественні таємниці, відкриває ваше «третє око», вивільняє силу в хребті — а потім **поневолює вас у муках**.

Це **Кундаліні**.

Зміїний **дух**.

Фальшивий «святий дух» Нової Ейдж.

Після активації — через йогу, медитацію, психоделіки, травми чи окультні ритуали — ця сила скручується біля основи хребта та піднімається, як вогонь, через чакри. Багато хто вважає це духовним пробудженням. Насправді ж це **одержимість демонами,** замаскована під божественну енергію.

Але що відбувається, коли воно **не зникає**?

Реальна історія – «Я не можу це вимкнути»

Марісса, молода християнка з Канади, пробувала себе в «християнській йогою», перш ніж присвятити своє життя Христу. Вона любила спокійні почуття, вібрації, світлові видіння. Але після одного інтенсивного сеансу, під час якого вона відчула, як її хребет «займається», вона втратила свідомість — і прокинулася, не маючи змоги дихати. Тієї ночі щось почало **мучити її сон**, викручуючи її тіло, з'являючись у снах як «Ісус», але насміхаючись з неї.

Вона п'ять разів отримувала **визволення**. Духи йшли, але поверталися. Її хребет все ще вібрував. Її очі постійно бачили духовний світ. Її тіло мимоволі рухалося. Незважаючи на спасіння, вона тепер проходила через пекло, яке мало хто з християн розумів. Її дух був врятований, але її душа була **зневажена, розтріскана та роздроблена**.

Наслідки, про які ніхто не говорить

- **Третє око залишається відкритим**: постійні видіння, галюцинації, духовний шум, «ангели», що говорять неправду.
- **Тіло не перестає вібрувати**: неконтрольована енергія, тиск у черепі, прискорене серцебиття.
- **Невблаганні муки**: Навіть після 10+ сеансів звільнення.
- **Ізоляція**: Пастори не розуміють. Церкви ігнорують проблему. Людину називають «нестабільною».
- **Страх пекла**: Не через гріх, а через муки, які не мають кінця.

Чи можуть християни досягти точки неповернення?

Так — у цьому житті. Ви можете бути **врятовані**, але настільки роздроблені, що **ваша душа мучиться до смерті**.

Це не нагнітання страху. Це **пророче попередження**.

Глобальні приклади

- **Африка** – Лжепророки вивільняють вогонь Кундаліні під час служб – люди б'ються в конвульсіях, пиняться, сміються або ревуть.
- **Азія** – Майстри йоги підносяться до «сіддхі» (одержимості демонами) і називають це божественною свідомістю.
- **Європа/Північна Америка** – Неохаризматичні рухи, що пропагують «сфери слави», гавкають, сміються, падають безконтрольно – не від Бога.
- **Латинська Америка** – шаманські пробудження з використанням аяхуаски (рослинних препаратів) для відкриття духовних дверей,

які вони не можуть зачинити.

План дій — якщо ви зайшли надто далеко

1. **Сповідайте точний портал** : Кундаліні-йога, медитації третього ока, церкви Нью-Ейдж, психоделіки тощо.
2. **Припиніть будь-яку гонитву за звільненням** : деякі духи мучать довше, коли ви продовжуєте вселяти їм силу страху.
3. **закріплюйте себе у Святому Письмі** — особливо у Псалмі 119, Ісаї 61 та Євангелії від Івана 1. Вони оновлюють душу.
4. **Надіслати до спільноти** : Знайдіть хоча б одного віруючого, сповненого Святого Духа, з яким можна ходити. Ізоляція дає силу демонам.
5. **Відмовтеся від будь-якого духовного «зору», вогню, знання, енергії** — навіть якщо це здається святим.
6. **Просіть Бога про милосердя** — Не раз. Щодня. Щогодини. Наполегливо тримайтеся. Бог може не забрати це миттєво, але Він понесе вас.

Групова заявка

- Влаштуйте час для мовчазних роздумів. Запитайте себе: чи прагнув я духовної сили більше, ніж духовної чистоти?
- Моліться за тих, хто страждає від невпинних мук. НЕ обіцяйте миттєвого звільнення — обіцяйте **учнівство** .
- Навчіть розрізняти **плоди Духа** (Галатів 5:22–23) та **душевні прояви** (тремтіння, жар, видіння).
- Спаліть або знищіть кожен предмет нової ери: символи чакр, кристали, килимки для йоги, книги, олії, «картки Ісуса».

Ключова інформація

Існує **межа**, яку можна перетнути — коли душа стає відкритим воротом і відмовляється зачиняти. Ваш дух може бути врятований… але ваша душа і тіло можуть все ще жити в муках, якщо вас осквернило окультне світло.

Щоденник рефлексій

- Чи я колись прагнув влади, вогню чи пророчого бачення більше, ніж святості та істини?
- Чи відкрив я двері через «християнізовані» практики Нью-Ейдж?
- Чи готовий я **щодня ходити** з Богом, навіть якщо повне визволення займе роки?

Молитва виживання

Отче, я кличу про милосердя. Я відрікаюся від кожного зміїного духа, сили Кундаліні, відкриття третього ока, фальшивого вогню чи підробки Нью-Ейдж, до яких я коли-небудь торкався. Я віддаю свою душу — розбиту, якою вона є — назад Тобі. Ісусе, врятуй мене не лише від гріха, а й від мук. Запечатай мої ворота. Зціли мій розум. Заплющ мої очі. Розчави змія в моєму хребті. Я чекаю на Тебе, навіть у болю. І я не здамся. В ім'я Ісуса. Амінь.

ДЕНЬ 34: МАСОН, КОДЕКС ТА ПРОКЛЯТТЯ — Коли братерство стає рабством

❝ *Не беріть участі в безплідних ділах темряви, а краще викривайте їх»* — Ефесян 5:11

«*Не складіть заповіту з ними та з їхніми богами*» — Вихід 23:32

Таємні товариства обіцяють успіх, зв'язки та давню мудрість. Вони пропонують **клятви, ступені та секрети,** що передаються «для добрих людей». Але більшість не усвідомлює: ці товариства є **вівтарями заповітів**, часто побудованими на крові, обмані та демонічній вірності.

Від масонства до Каббали, від розенкрейцерів до «Черепа і кісток» — ці організації не просто клуби. Це **духовні контракти**, викувані в темряві та скріплені обрядами, що **проклинають покоління**.

Дехто приєднався добровільно. В інших були предки, які це зробили.

У будь-якому разі, прокляття залишається — доки його не зруйнують.

Прихована спадщина — історія Джейсона

Джейсон, успішний банкір у США, мав усе, що йому хотілося — прекрасну сім'ю, багатство та вплив. Але вночі він прокидався, задихаючись, бачив у снах фігури в капюшонах і чув заклинання. Його дід був масоном 33-го ступеня, і Джейсон досі носив цей перстень.

Одного разу він жартома вимовив масонські обітниці на клубному заході, але щойно він це зробив, **щось увійшло в нього**. Його розум почав руйнуватися. Він почув голоси. Дружина покинула його. Він намагався покінчити з усім цим.

Під час реколекцій хтось розгледів масонський зв'язок. Джейсон плакав, **відрікаючись від усіх клятв**, розриваючи перстень і протягом трьох годин проходивши звільнення. Тієї ночі, вперше за роки, він спав спокійно.

Його свідчення?

«З таємними вівтарями не жартують. Вони говорять — доки ви не змусите їх замовкнути в ім'я Ісуса».

ГЛОБАЛЬНА МЕРЕЖА БРАТСТВА

- **Європа** – масонство глибоко вкорінене в бізнесі, політиці та церковних конфесіях.
- **Африка** – ілюмінати та таємні ордени, що пропонують багатство в обмін на душі; культи в університетах.
- **Латинська Америка** – проникнення єзуїтів та масонські обряди, змішані з католицьким містицизмом.
- **Азія** – Стародавні школи містерій, храмові священства, пов'язані з родовими клятвами.
- **Північна Америка** – «Істерн Стар», «Шотландський обряд», братства на кшталт «Череп і кістки», еліта «Богемського гаю».

Ці культи часто посилаються на «Бога», але не на **Бога Біблії** — вони посилаються на **Великого Архітектора**, безособову силу, пов'язану з **люциферіанським світлом**.

Ознаки того, що ви страждаєте

- Хронічна хвороба, яку лікарі не можуть пояснити.
- Страх просування по службі або страх виходу з сімейних систем.
- Сни про шати, ритуали, таємні двері, ложі або дивні церемонії.
- Депресія або божевілля по чоловічій лінії.
- Жінки, які борються з безпліддям, насильством або страхом.

План дій щодо визволення

1. **Відмовтеся від усіх відомих клятв**, особливо якщо ви або ваша родина належали до масонства, розенкрейцерів, «Східної зірки», каббали чи будь-якого «братства».
2. **Подолайте кожен ступінь** – від вступника до 33-го ступеня,

поіменно.
3. **Знищте всі символи** – кільця, фартухи, книги, кулони, сертифікати тощо.
4. **Зачиніть ворота** – духовно та юридично через молитву та проголошення.

Використайте ці уривки з Писання:

- Ісая 28:18 — «Ваш союз зі смертю буде анульований».
- Галатів 3:13 — «Христос викупив нас від прокляття закону».
- Єзекіїля 13:20–23 — «Я роздеру ваші покривала та й визволю Мій народ».

Групова заявка

- Запитайте, чи були у когось із членів батьки або бабусі й дідусі в таємних товариствах.
- Проведіть **кероване зречення** через усі ступені масонства (ви можете створити для цього друкований сценарій).
- Використовуйте символічні дії — спаліть старий перстень або намалюйте хрест на чолі, щоб звести нанівець «третє око», відкрите під час ритуалів.
- Моліться за розум, шию та спину — це поширені місця рабства.

Ключова інформація
Братерство без крові Христа — це братерство рабства.
Ви повинні вибрати: завіт з людиною чи завіт з Богом.
Щоденник рефлексій

- Чи хтось у моїй родині був залучений до масонства, містики чи таємних клятв?
- Чи я несвідомо декламував або імітував обітниці, віросповідання чи символи, пов'язані з таємними товариствами?
- Чи готовий я порушити сімейні традиції, щоб повністю дотримуватися Божого завіту?

Молитва зречення

Отче, в ім'я Ісуса я відмовляюся від кожного заповіту, клятви чи ритуалу, пов'язаного з масонством, Каббалою чи будь-яким таємним товариством — у моєму житті чи родовідній лінії. Я порушую кожен ступінь, кожну брехню, кожне демонічне право, яке було надано через церемонії чи символи. Я проголошую, що Ісус Христос — моє єдине Світло, мій єдиний Архітектор і мій єдиний Господь. Я отримую свободу зараз, в ім'я Ісуса. Амінь.

ДЕНЬ 35: ВІДЬМИ НА ЛАВАХ — КОЛИ ЗЛО ВХОДИТЬ ЧЕРЕЗ ДВЕРІ ЦЕРКВИ

> *Бо такі люди — лжеапостоли, лукаві робітники, що видають себе за апостолів Христових. І не дивно, бо навіть сатана прикидається ангелом світла».* — 2 Коринтян 11:13–14

«Я знаю твої діла, і твою любов, і твою віру... Однак маю я проти тебе, що ти терпиш жінку Єзавель, яка називає себе пророчицею...» — Об'явлення 2:19–20

Найнебезпечніша відьма не та, що літає вночі,

а та, що **сидить поруч із тобою в церкві**.

Вони не носять чорні шати і не катаються на мітлах.

Вони проводять молитовні збори. Співають у групах поклоніння. Пророкують різними мовами. Пасторують церкви. І все ж... вони є **носіями темряви**.

Дехто точно знає, що робить — їх посилають як духовних убивць. Інші ж стають жертвами чаклунства чи повстання предків, оперуючи **нечистими** дарами.

Церква як прикриття — історія «Міріам»

Міріам була популярною служителькою визволення у великій західноафриканській церкві. Її голос наказував демонам тікати. Люди подорожували через різні країни, щоб отримати від неї помазання.

Але в Міріам був секрет: вночі вона подорожувала поза своїм тілом. Вона бачила домівки членів церкви, їхні слабкості та їхні кровні лінії. Вона вважала це «пророчим».

Її сила зростала. Але разом з нею зростали й її муки.

Вона почала чути голоси. Не могла спати. На її дітей напали. Чоловік покинув її.

Вона зрештою зізналася: у дитинстві її «активувала» бабуся, могутня відьма, яка змушувала її спати під проклятими ковдрами.

«Я думав, що сповнений Святого Духа. Це був дух... але не Святий».

Вона пройшла через визволення. Але війна ніколи не припинялася. Вона каже:

«Якби я не зізнався, я б загинув на вівтарі у вогні... у церкві».

Глобальні ситуації прихованого чаклунства в Церкві

- **Африка** – Духовна заздрість. Пророки використовують ворожіння, ритуали, водяних духів. Багато вівтарів насправді є порталами.
- **Європа** – екстрасенси, що маскуються під «духовних наставників». Чаклунство, загорнуте в християнство нового віку.
- **Азія** – Жриці храмів заходять до церков, щоб накладати прокляття та навертатися до астральних моніторів.
- **Латинська Америка** – Сантерія – практикуючі «пастори», які проповідують визволення, але вночі приносять у жертву курей.
- **Північна Америка** – християнські відьми, які стверджують, що це «Ісус і Таро», енергетичні цілителі на церковних сценах та пастори, що беруть участь у масонських обрядах.

Ознаки чаклунства, що діє в Церкві

- Важка атмосфера або плутанина під час богослужіння.
- Сни про змій, секс або тварин після служби.
- Керівництво раптового гріха чи скандалу.
- «Пророцтва», що маніпулюють, спокушають або ганьблять.
- Кожен, хто каже: «Бог сказав мені, що ти мій чоловік/дружина».
- Дивні предмети, знайдені поблизу кафедри або вівтарів.

ПЛАН ДІЙ ЩОДО ВИЗВОЛЕННЯ

1. **Моліться про розсудливість** — попросіть Святого Духа

відкрити, чи є у вашій спільноті приховані відьми.
2. **Випробовуйте кожного духа**, навіть якщо він звучить духовно (1 Івана 4:1).
3. **Розірвіть душевні зв'язки** — Якщо за вас молилися, вам пророкували або вас торкнувся хтось нечистий, **відмовтеся від цього**.
4. **Моліться над своєю церквою** — проголошуйте вогонь Божий, щоб викрити кожен прихований вівтар, таємний гріх та духовну п'явку.
5. **Якщо ви жертва** — зверніться за допомогою. Не мовчіть і не залишайтеся на самоті.

Групова заявка

- Запитайте членів групи: Чи відчували ви коли-небудь дискомфорт або духовне насильство під час церковної служби?
- Проведіть **спільну очищувальну молитву** для громади.
- Помажте кожну людину та оголосіть **духовний брандмауер** навколо розумів, вівтарів та дарів.
- Навчіть лідерів, як перевіряти **дари** та **настрої,** перш ніж дозволяти людям обіймати помітні ролі.

Ключова інформація

Не всі, хто каже «Господи, Господи», походять від Господа.

Церква є **головним полем битви** для духовного забруднення, але також місцем зцілення, коли істина підтримується.

Щоденник рефлексій

- Чи отримував я молитви, поради чи наставництво від когось, чиє життя принесло нечестиві плоди?
- Чи були випадки, коли я почувався «не в порядку» після церкви, але ігнорував це?
- Чи готовий я протистояти чаклунству, навіть якщо воно носить костюм або співає на сцені?

Молитва про викриття та свободу

Господи Ісусе, дякую Тобі за те, що ти є істинним Світлом. Прошу Тебе зараз викрити кожного прихованого агента темряви, що діє в моєму житті та спілкуванні з іншими. Я відрікаюся від кожного нечестивого наділення, хибного пророцтва чи зв'язку душі, які я отримав від духовних самозванців. Очисти мене Своєю кров'ю. Очисти мої дари. Охороняй мої ворота. Спали кожен фальшивий дух Своїм святим вогнем. В ім'я Ісуса. Амінь.

ДЕНЬ 36: ЗАКОДУВАНІ ЗАКЛИНИ — КОЛИ ПІСНІ, МОДА ТА ФІЛЬМИ СТАЮТЬ ПОРТАЛАМИ

» *Не беріть участі в безплідних ділах темряви, а краще викривайте їх»* — Ефесян 5:11

«Не займайтеся безбожними міфами та бабськими вигадками, а радше навчайтеся бути побожними» — 1 Тимофія 4:7

Не кожна битва починається з кривавої жертви.

Деякі починаються з **ритму**.

Мелодії. Захопливого тексту, який застрягає у вашій душі. Або **символу** на вашому одязі, який ви вважали «крутим».

Або «нешкідливого» шоу, яке ви переглядаєте запоєм, поки демони посміхаються в тіні.

У сучасному гіперпов'язаному світі чаклунство **закодоване** — приховане у **всіх на виду** через медіа, музику, фільми та моду.

Похмурий звук — реальна історія: «Навушники»

У 17-річного Іллі з США почалися панічні атаки, безсонні ночі та демонічні сни. Його батьки-християни думали, що це стрес.

Але під час сеансу визволення Святий Дух наказав команді запитати про його **музику**.

Він зізнався: «Я слухаю треп-метал. Я знаю, що це похмуро... але це допомагає мені відчувати себе сильним».

Коли команда зіграла одну з його улюблених пісень у молитві, відбулося щось **особливе**.

Ритми були закодовані **співами** з окультних ритуалів. Зворотне маскування розкривало такі фрази, як «підкори свою душу» та «Люцифер говорить».

Як тільки Ілля видалив музику, покаявся та відмовився від зв'язку, мир повернувся.

Війна увійшла крізь **ворота його вух**.

Глобальні шаблони програмування

- **Африка** – афробит-пісні, пов'язані з грошовими ритуалами; приховані в текстах пісень посилання на «джуджу»; модні бренди з символікою морського царства.
- **Азія** – K-pop з підсвідомими сексуальними та духовними посланнями; аніме-персонажі, наповнені синтоїстськими знаннями про демонів.
- **Латинська Америка** – реггетон, що пропагує сантерійські співи та заклинання, написані у зворотному коді.
- **Європа** – Модні будинки (Gucci, Balenciaga) впроваджують сатанинські образи та ритуали в культуру подіуму.
- **Північна Америка** – голлівудські фільми, закодовані з чаклунством (Marvel, фільми жахів, фільми «світло проти темряви»); мультфільми, що використовують чаклунство як розвагу.

Common Entry Portals (and Their Spirit Assignments)

Media Type	Portal	Demonic Assignment
Music	Beats/samples from rituals	Torment, violence, rebellion
TV Series	Magic, lust, murder glorification	Desensitization, soul dulling
Fashion	Symbols (serpent, eye, goat, triangles)	Identity confusion, spiritual binding
Video Games	Sorcery, blood rites, avatars	Astral transfer, addiction, occult alignment
Social Media	Trends on "manifestation," crystals, spells	Sorcery normalization

ПЛАН ДІЙ – РОЗПІЗНАВАННЯ, Детоксикація, Захист

1. **Перегляньте свій плейлист, гардероб та історію переглядів**. Шукайте окультний, хтивий, бунтівний або насильницький контент.
2. **Просіть Святого Духа викрити** кожен нечестивий вплив.
3. **Видалити та знищити**. Не продавати й не дарувати. Спалити або викинути на смітник будь-що демонічне — фізичне чи цифрове.
4. **Намажте свої пристрої**, кімнату та вуха. Оголосіть їх освяченими для слави Божої.
5. **Замініть істиною**: Поклоняйтеся музиці, благочестивим фільмам, книгам та читанню Святого Письма, які оновлюють ваш розум.

Групова заявка

- Проведіть учасників за допомогою «Інвентаризації медіа».

Нехай кожна людина запише шоу, пісні або предмети, які, на її думку, можуть бути порталами.
- Моліться через телефони та навушники. Помажте їх.
- Проведіть групове «детокс-голодування» — від 3 до 7 днів без світських медіа. Живіться лише Божим Словом, поклонінням та спілкуванням.
- Засвідчіть результати на наступній зустрічі.

Ключова інформація

Демонам більше не потрібне святилище, щоб увійти до вашого будинку. Все, що їм потрібно, це ваша згода на натискання кнопки відтворення.

Щоденник рефлексій

- Що я бачив, чув чи носив такого, що могло б відкрити двері до гноблення?
- Чи готовий я відмовитися від того, що мене розважає, якщо це також поневолює мене?
- Чи я нормалізував бунт, хтивість, насильство чи глузування в ім'я «мистецтва»?

МОЛИТВА ОЧИЩЕННЯ

Господи Ісусе, я приходжу до Тебе, просячи повного духовного очищення. Викрий кожне заклинання, яке я впустив у своє життя через музику, моду, ігри чи медіа. Я каюся, що дивився, носив і слухав те, що зневажає Тебе. Сьогодні я розриваю зв'язки душі. Я виганяю кожного духа бунту, чаклунства, похоті, плутанини чи мук. Очисти мої очі, вуха та серце. Тепер я присвячую своє тіло, медіа та вибір тільки Тобі. В ім'я Ісуса. Амінь.

ДЕНЬ 37: НЕВИДИМІ ВІВТАРІ ВЛАДИ — МАСОНАРІ, КАБАЛА ТА ОКУЛЬТНА ЕЛІТА

«*Знову диявол бере Його на дуже високу гору, і показує Йому всі царства світу та їхню славу, кажучи: "Це все дам Тобі, якщо Ти поклонишся мені, вклонишся переді мною"*» — Матвія 4:8–9

«*Не можете ви пити чашу Господню й чашу демонів одночасно; не можете мати спільності з Господнім столом і з столом демонів*» — 1 Коринтян 10:21

Є вівтарі, заховані не в печерах, а в залах засідань.

Духи не лише в джунглях, а й в урядових будівлях, фінансових вежах, бібліотеках Ліги плюща та святилищах, замаскованих під «церкви».

Ласкаво просимо до царства **еліти окульту**:

масонів, розенкрейцерів, каббалістів, єзуїтських орденів, Східних Зірок та таємних люциферіанських жреців, які **маскують свою відданість Сатані ритуалами, таємницею та символами**. Їхні боги — це розум, сила та давні знання, але їхні **душі приречені на темряву**.

Прихований у всіх на виду

- **Масонство** маскує себе під братство будівельників, проте його вищі ступені закликають демонічних сутностей, дають клятви смерті та звеличують Люцифера як «носія світла».
- **Каббала** обіцяє містичний доступ до Бога, але вона непомітно замінює Яхве космічними енергетичними картами та нумерологією.
- **Єзуїтський містицизм** у своїх спотворених формах часто поєднує католицькі образи з духовними маніпуляціями та контролем над світовими системами.

- **Голлівуд, мода, фінанси та політика** несуть закодовані повідомлення, символи та **публічні ритуали, які насправді є поклонінням Люциферу**.

Вам не потрібно бути знаменитістю, щоб відчувати вплив. Ці системи **забруднюють країни** через:

- Медіа-програмування
- Освітні системи
- Релігійний компроміс
- Фінансова залежність
- Ритуали, замасковані під «ініціації», «обіцянки» або «угоди з брендом»

Правдива історія – «Ложа зруйнувала мій рід»

Соломон (ім'я змінено), успішний бізнес-магнат з Великої Британії, вступив до масонської ложі заради налагодження зв'язків. Він швидко піднявся на вершини кар'єри, здобувши багатство та престиж. Але йому також почали снитися жахливі кошмари — чоловіки в плащах викликали його, криваві клятви, темні тварини переслідували його. Його донька почала різати себе, стверджуючи, що її змусила це зробити «присутність».

Одного разу вночі він побачив у своїй кімнаті чоловіка — наполовину людину, наполовину шакала — який сказав йому: *«Ти мій. Ціну сплачено»*. Він звернувся до служби звільнення. Знадобилося **сім місяців зречення, посту, ритуалів блювоти та заміни всіх окультних пут** — перш ніж настав мир.

Пізніше він дізнався: **його дід був масоном 33-го ступеня. Він лише несвідомо продовжив цю спадщину.**

Глобальний охоплення

- **Африка** – Таємні товариства серед правителів племен, суддів, пасторів, які складали клятви вірності кров'ю в обмін на владу.
- **Європа** – Мальтійський орден, ложі ілюміністів та елітні езотеричні університети.

- **Північна Америка** – масонські основи підкріплені більшістю установчих документів, судовими структурами та навіть церквами.
- **Азія** – Приховані культи драконів, ордени предків та політичні групи, що кореняться в гібридах буддизму та шаманізму.
- **Латинська Америка** – синкретичні культи, що поєднують католицьких святих з люциферіанськими духами, такими як Санта-Мерте або Бафомет.

План дій — Втеча з елітних вівтарів

1. **Відмовтеся від** будь-якої участі у масонстві, «Східній зірці», єзуїтських клятвах, гностичних книгах чи містичних системах — навіть від «академічного» вивчення таких систем.
2. **Знищте** регалії, персні, значки, книги, фартухи, фотографії та символи.
3. **Порушуйте словесні прокляття**, особливо клятви смерті та посвячені обітниці. Використовуйте Ісаю 28:18 («Ваш союз зі смертю буде анульований...»).
4. **Постіться 3 дні**, читаючи Єзекіїля 8, Ісаю 47 та Об'явлення 17.
5. **Замінити вівтар**: Знову присвятити себе вівтарю лише Христа (Римлян 12:1–2). Причастя. Поклоніння. Помазання.

Ви не можете бути одночасно у дворах небесних і у дворах Люцифера. Оберіть собі вівтар.

Групова заявка

- Накресліть поширені елітні організації у вашому регіоні — і моліться безпосередньо проти їхнього духовного впливу.
- Проведіть сеанс, де учасники можуть конфіденційно зізнатися, чи були їхні родини причетні до масонства або подібних культів.
- Принесіть олію та причастя — очоліть масову відмову від клятв, ритуалів та печаток, укладених таємно.
- Зламайте гординю — нагадайте групі: **жоден доступ не вартий вашої душі.**

Ключова інформація
Таємні товариства обіцяють світло. Але тільки Ісус є Світлом для світу. Кожен інший вівтар вимагає крові, але не може спасти.

Щоденник рефлексій

- Чи був хтось із моєї родини причетний до таємних товариств чи «орденів»?
- Чи читав я чи володів окультними книгами, замаскованими під академічні тексти?
- Які символи (пентаграми, всевидючі очі, сонця, змії, піраміди) приховані в моєму одязі, творах мистецтва чи ювелірних виробах?

Молитва зречення
Отче, я відрікаюся від кожного таємного товариства, ложі, клятви, ритуалу чи вівтаря, не заснованих на Ісусі Христі. Я порушую заповіти моїх батьків, мій рід та власні уста. Я відкидаю масонство, Каббалу, містицизм та кожен прихований пакт, укладений заради влади. Я знищую кожен символ, кожну печатку та кожну брехню, що обіцяла світло, але давала рабство. Ісусе, я знову зводжу Тебе на престол як мого єдиного Вчителя. Осяй Своїм світлом кожне таємне місце. В Твоє ім'я я ходжу вільним. Амінь.

ДЕНЬ 38: ЗАВІТИ УТРОБИ ТА ВОДНІ ЦАРСТВА — КОЛИ ДОЛЯ СПОСЛУГНЮЄТЬСЯ ДО НАРОДЖЕННЯ

« *Безбожні відчужені від утроби, щойно народилися, блукають, говорять неправду*». — Псалом 58:3

«Перш ніж Я вформував тебе в утробі, Я знав тебе, і перш ніж ти народився, Я тебе відокремив...» — Єремії 1:5

Що, якби битви, які ви ведете, почалися не з вашого вибору, а з вашого задуму?

Що, якби твоє ім'я вимовляли в темних місцях, коли ти ще був в утробі матері?

Що, якби **вашу особистість було обміняно**, вашу **долю продано**, а вашу **душу позначено** — ще до того, як ви зробили свій перший вдих?

Це реальність **підводної ініціації**, **морських духів** та **окультних претензій на утробу матері**, що **пов'язують покоління**, особливо в регіонах з глибокими предковими та прибережними ритуалами.

Водне царство — Трон Сатани внизу

У невидимому світі Сатана править **не лише повітрям**. Він також керує **морським світом** — величезною демонічною мережею духів, вівтарів та ритуалів під водою.

Морські духи (їх зазвичай називають *Мамі Вата*, *Королевою Узбережжя*, *духами-дружинами/чоловіками* тощо) відповідають за:

- Передчасна смерть
- Безпліддя та викидні
- Сексуальне рабство та мрії
- Душевні муки

- Недуги у новонароджених
- Моделі злетів і падінь у бізнесі

Але як ці духи отримують **законну основу**?
В утробі матері.
Невидимі Посвячення До Народження

- **Присвячення предкам** – дитина, «обіцяна» божеству, якщо народиться здоровою.
- **Окультні жриці** торкаються матки під час вагітності.
- **Імена за заповітом,** дані родиною — несвідомо на честь морських королів або духів.
- **Ритуали народження,** що проводяться з використанням річкової води, амулетів або трав зі святилищ.
- **Поховання пуповини** із заклинаннями.
- **Вагітність в окультних середовищах** (наприклад, масонські ложі, центри Нью-ейдж, полігамні культи).

Деякі діти народжуються вже поневоленими. Ось чому вони люто кричать при народженні — їхній дух відчуває темряву.

Реальна історія – «Моя дитина належала річці»

Джессіка з Сьєрра-Леоне намагалася завагітніти протягом 5 років. Зрештою, вона завагітніла після того, як «пророк» дав їй мило для купання та олію для втирання в матку. Дитина народилася міцною, але у віці 3 місяців почала безперервно плакати, завжди вночі. Вона ненавиділа воду, кричала під час купання і неконтрольовано тряслася, коли її підводили до річки.

Одного дня її син помер у конвульсіях на 4 хвилини. Він ожив — і **почав говорити повними словами у 9 місяців**: «Я не належу тут. Я належу королеві».

Налякана, Джессіка шукала порятунку. Дитину звільнили лише після 14 днів посту та молитов про зречення — її чоловікові довелося знищити сімейного ідола, захованого в його селі, перш ніж муки припинилися.

Немовлята не народжуються порожніми. Вони народжуються для битв, які ми повинні вести за них.

ГЛОБАЛЬНІ ПАРАЛЕЛІ

- **Африка** – річкові вівтарі, посвячення Мамі Вата, ритуали плаценти.
- **Азія** – Духи води закликаються під час народжень у буддистів або анімістів.
- **Європа** – завіти друїдів з повитухами, обряди предків з використанням води, масонські посвячення.
- **Латинська Америка** – імена сантерії, духи річок (наприклад, Ошун), народження за астрологічними картами.
- **Північна Америка** – ритуали пологів Нью-ейдж, гіпнопологи з духовними провідниками, «церемонії благословення» медіумами.

Ознаки бондажу, ініційованого в утробі матері

- Повторювані моделі викиднів протягом поколінь
- Нічні жахи у немовлят та дітей
- Незрозуміле безпліддя, незважаючи на медичне схвалення
- Постійні сни про воду (океани, повені, плавання, русалки)
- Ірраціональний страх води або утоплення
- Відчуття «заявленості» — ніби щось спостерігає за вами з народження

План дій — Зруйнувати Завіт Утроби

1. **Попросіть Святого Духа** відкрити, чи були ви (або ваша дитина) посвячені через ритуали в утробі матері.
2. **Відмовтеся від** будь-яких зобов'язань, укладених під час вагітності — свідомо чи несвідомо.
3. **Помоліться над історією власного народження** — навіть якщо вашої матері немає поруч, говоріть як законний духовний охоронець свого життя.

4. **Постіться з Ісаєю 49 та Псалмом 139** – щоб повернути собі свій божественний план.
5. **Якщо ви вагітні**: намащуйте свій живіт і щодня промовляйте про свою ненароджену дитину:

«Ви відокремлені для Господа. Жоден дух води, крові чи темряви не володітиме вами. Ви належите Ісусу Христу — тілом, душею і духом».

Групова заявка

- Попросіть учасників записати, що вони знають про історію свого народження, зокрема про ритуали, акушерок чи події, пов'язані з іменуванням.
- Заохочуйте батьків знову присвятити своїх дітей у «Службі іменування та завіту, зосередженій на Христі».
- Проведіть молитви про порушення водних завітів, використовуючи *Ісая 28:18*, *Колосян 2:14* та *Об'явлення 12:11*.

Ключова інформація

Утроба – це ворота, і те, що проходить через них, часто входить з духовним багажем. Але жоден вівтар утроби не є більшим за Хрест.

Щоденник рефлексій

- Чи були якісь предмети, олії, амулети чи імена пов'язані з моїм зачаттям або народженням?
- Чи відчуваю я духовні напади, які почалися в дитинстві?
- Чи я несвідомо передав морські завіти своїм дітям?

Молитва про звільнення

Отче Небесний, Ти знав мене ще до мого створення. Сьогодні я порушую кожен прихований завіт, водний ритуал і демонічне посвячення, здійснені під час мого народження або до нього. Я відкидаю будь-яке твердження про морських духів, духів-знайомих чи вівтарі покоління утроби. Нехай кров Ісуса перепише історію мого народження та історію моїх дітей. Я народжений від Духа, а не від водних вівтарів. В ім'я Ісуса. Амінь.

ДЕНЬ 39: ХРЕЩЕННЯ ВОДОМ У НЕВОЛЮ — ЯК НЕМОВЛЯТА, ІНІЦІАЛИ ТА НЕВИДИМІ ЗАВІТИ ВІДЧИНЯЮТЬ ДВЕРІ

» *Вони проливали кров невинну, кров синів своїх та дочок своїх, яких вони приносили в жертву ханаанським ідолам, і земля була осквернена їхньою кров'ю*». — Псалом 106:38

«*Чи можна взяти здобич у воїнів, і чи можна врятувати полонених від лютих?» Але ось що говорить Господь: «Так, полонених візьмуть у воїнів, а здобич заберуть від лютих...*» — Ісая 49:24–25

Багато доль не просто були **зруйновані в дорослому віці** — їх **викрали ще в дитинстві**.

Та, здавалося б, невинна церемонія іменування...

Це невимушене занурення в річкову воду, «щоб благословити дитину»...

Монета в руці... Поріз під язиком... Олія від «духовної бабусі»... Навіть ініціали, дані при народженні...

Усі вони можуть здаватися культурними. Традиційними. Нешкідливими.

Але царство темряви **приховується в традиціях**, і багато дітей **таємно пройшли посвячення** ще до того, як змогли сказати «Ісус».

Реальна історія – «Мене назвала річка»

На Гаїті хлопчик на ім'я Малік виріс із дивним страхом перед річками та штормами. У дитинстві бабуся взяла його до струмка, щоб «познайомити з духами» для захисту. У 7 років він почав чути голоси. У 10 років у нього почалися нічні відвідування. У 14 років він спробував покінчити життя самогубством, постійно відчуваючи поруч чиюсь «присутність».

На зібранні з питань визволення демони проявилися люто, кричачи: «Ми увійшли до річки! Нас покликали по імені!» Його ім'я, « Малік », було частиною духовної традиції іменування на честь «річкової цариці». Поки його не перейменували у Христа, муки тривали. Тепер він служить у визволенні серед молоді, яка опинилася в пастці присвят предків.

Як це відбувається — Приховані пастки

1. **Ініціали як заповіти**
   Деякі ініціали, особливо ті, що пов'язані з іменами предків, сімейними богами або водними божествами (наприклад, «ММ» = Мамі/Морський; «ОЛ» = Лінія Оя/Оріша), діють як демонічні підписи.
2. **Занурення немовлят у річки/струмки.**
   Здійснюються «для захисту» або «очищення», це часто **хрещення в морських духів** .
3. **Таємні церемонії іменування,**
   під час яких інше ім'я (відрізняється від публічного) шепочеться або вимовляється перед вівтарем чи святилищем.
4. **Ритуали з родимими плямами.**
   Олії, попіл або кров, що наносяться на лоб або кінцівки, щоб «позначити» дитину для духів.
5. **Поховання пуповини з водою.**
   Пуповину опускали в річки, струмки або ховали з водними заклинаннями — прив'язуючи дитину до водних вівтарів.

Якщо ваші батьки не уклали з вами завіту з Христом, є ймовірність, що хтось інший забере вас.

Глобальні окультні практики зв'язування матки

- **Африка** – називання немовлят на честь річкових божеств, закопування шнурів біля морських вівтарів.
- **Карибський басейн/Латинська Америка** – ритуали хрещення в сантерії, посвячення в стилі йоруба з використанням трав та річкових предметів.

- **Азія** – індуїстські ритуали, пов'язані з водою Гангу, астрологічно розраховані імена, пов'язані з духами стихій.
- **Європа** – друїдські або езотеричні традиції іменування, що закликають охоронців лісів/вод.
- **Північна Америка** – ритуальні посвячення корінних народів, сучасні благословення дітей віканської епохи, церемонії іменування нового віку, що закликають «давніх провідників».

Звідки мені знати?

- Незрозумілі муки раннього дитинства, хвороби або «уявні друзі»
- Сни про річки, русалок, переслідування водою
- Відраза до церков, але захоплення містичними речами
- Глибоке відчуття, що за вами стежать або спостерігають з народження
- Відкриття другого імені або невідомої церемонії, пов'язаної з вашим дитинством

План дій – Викупити немовля

1. **Запитайте Святого Духа**: Що сталося, коли я народився? Які духовні руки торкнулися мене?
2. **Відмовтеся від усіх прихованих присвят**, навіть якщо вони зроблені через незнання: «Я відкидаю будь-який завіт, укладений від мого імені, який не був укладений з Господом Ісусом Христом».
3. **Розірвіть зв'язки з іменами предків, ініціалами та лексемами**.
4. **Використайте Ісаю 49:24–26, Колосян 2:14 та 2 Коринтян 5:17**, щоб проголосити свою ідентичність у Христі.
5. За потреби **проведіть церемонію повторного посвячення** — знову представте себе (або своїх дітей) Богові та оголосіть нові імена, якщо вас поведуть.

ГРУПОВА ЗАЯВКА

- Запропонуйте учасникам дослідити історію своїх імен.
- Створіть простір для духовного перейменування, якщо це буде керовано духом — дозвольте людям брати на себе такі імена, як «Давид», «Естер» або ідентичності, керовані духом.
- Проведіть групу в символічному *повторному хрещенні* посвячення — не зануренні у воду, а помазання та словесному завіті з Христом.
- Нехай батьки порушують завіти за своїх дітей у молитві: «Ви належите Ісусу — жоден дух, річка чи родовий зв'язок не мають жодної законної основи».

Ключова інформація

Твій початок має значення. Але він не обов'язково має визначати твій кінець. Кожне твердження про річку може бути зруйноване річкою крові Ісуса.

Щоденник рефлексій

- Які імена чи ініціали мені дали, і що вони означають?
- Чи були при моєму народженні таємні або культурні ритуали, від яких мені потрібно відмовитися?
- Чи справді я присвятив своє життя — своє тіло, душу, ім'я та особистість — Господу Ісусу Христу?

Молитва про викуплення

Боже Отче, я приходжу перед Тобою в ім'я Ісуса. Я відмовляюся від кожного завіту, посвячення та ритуалу, здійсненого при моєму народженні. Я відкидаю будь-яке іменування, водне посвячення та претензії на предків. Чи то через ініціали, іменування чи приховані вівтарі — я скасовую кожне демонічне право на моє життя. Тепер я заявляю, що я повністю Твій. Моє ім'я записано в Книзі Життя. Моє минуле покрите кров'ю Ісуса, а моя особистість запечатана Святим Духом. Амінь.

ДЕНЬ 40: ВІД ПОРОЖЕНОГО ДО ПОРОЖНИКА — ТВІЙ БІЛЬ — ЦЕ ТВОЄ ПРИЗНАЧЕННЯ

« *Але народ, що знає свого Бога, буде сильним і чинитиме подвиги».* — Даниїла 11:32

«Тоді Господь поставив суддів, які рятували їх з рук цих грабіжників». — Суддів 2:16

Ви були відпущені не для того, щоб тихо сидіти в церкві.

Ви були звільнені не лише для того, щоб вижити. Ви були відпущені, **щоб визволяти інших**.

Той самий Ісус, який зцілив біснуватого в Євангелії від Марка 5, послав його назад до Десятимістя, щоб той розповів цю історію. Ніякої семінарії. Ніякого висвячення. Тільки **палаюче свідчення** та запалені уста.

Ти — той чоловік. Та жінка. Та родина. Та нація.

Біль, який ти пережив, тепер твоя зброя.

Муки, яких ти уникнув, — твоя сурма. Те, що тримало тебе в темряві, тепер стає **ареною твого панування.**

Реальна історія – від морської нареченої до служителя визволення

Ребекка з Камеруну була колишньою нареченою морського духа. Її посвятили у 8 років під час церемонії іменування на узбережжі. У 16 років вона вже займалася сексом у снах, керувала чоловіками очима та спричинила численні розлучення за допомогою чаклунства. Вона була відома як «гарне прокляття».

Коли вона зустріла Євангеліє в університеті, її демони розлютилися. Знадобилося шість місяців посту, звільнення та глибокого учнівства, перш ніж вона звільнилася.

Сьогодні вона проводить конференції з питань визволення для жінок по всій Африці. Тисячі людей були звільнені завдяки її послуху.

А що, якби вона мовчала?

Апостольське піднесення — народжуються світові визволителі

- **В Африці** колишні знахарі тепер засновують церкви.
- **В Азії** колишні буддисти проповідують Христа в таємних будинках.
- **У Латинській Америці** колишні священики сантерії тепер руйнують вівтарі.
- **У Європі** колишні окультисти проводять онлайн-дослідження Біблії.
- **У Північній Америці** люди, які вижили після обманів Нью-Ейдж, щотижня проводять зустрічі в Zoom, присвячені визволенню.

Вони — **неймовірні**, зламані, колишні раби темряви, що тепер крокують у світлі — і **ти один із них**.

Остаточний план дій – Прийміть рішення

1. **Напишіть свої свідчення** — навіть якщо ви вважаєте їх не драматичними. Комусь потрібна ваша історія свободи.
2. **Почніть з малого** — помоліться за друга. Проведіть біблійне вивчення. Поділіться своїм процесом визволення.
3. **Ніколи не припиняйте навчатися** — Визволителі залишаються в Слові, залишаються каючимися та пильними.
4. **Огорніть свою родину** — щодня проголошуйте, що темрява закінчується з вами та вашими дітьми.
5. **Оголосіть зони духовної війни** — ваше робоче місце, ваш дім, ваша вулиця. Будьте вартовим.

Групове введення в експлуатацію

Сьогодні не просто молитва — це **церемонія введення в експлуатацію**.

- Намажте один одному голови олією та промовте:

«Ти визволений, щоб визволити. Встань, Судде Божий».

- Оголосіть уголос групою:

«Ми більше не ті, хто вижив. Ми воїни. Ми несемо світло, а темрява тремтить».

- Призначте молитовні пари або партнерів для відповідальності, щоб продовжувати зростати у сміливості та впливі.

Ключова інформація
Найбільша помста царству темряви — це не просто свобода. Це множення.

Щоденник підсумкових рефлексій

- Коли я зрозумів, що перейшов з темряви у світло?
- Кому потрібно почути мою історію?
- З чого я можу почати цілеспрямовано просвітлювати цього тижня?
- Чи готовий я бути висміяним, незрозумілим та опором — заради звільнення інших?

Молитва про призначення
Отче Боже, я дякую Тобі за 40 днів вогню, свободи та істини. Ти врятував мене не лише для того, щоб дати притулок — Ти визволив мене, щоб визволити інших. Сьогодні я отримую цю мантію. Моє свідчення — меч. Мої шрами — зброя. Мої молитви — молоти. Мій послух — поклоніння. Тепер я ходжу в ім'я Ісуса — як розпалювач вогню, визволитель, носій світла. Я Твій. Темрява не має місця в мені і не має місця навколо мене. Я займаю своє місце. В ім'я Ісуса. Амінь.

360° ЩОДЕННЕ ПРОГОЛОШЕННЯ ПРО ВИЗВОЛЕННЯ ТА ПАНУВАННЯ – Частина 1

«*Жодна зброя, зроблена проти тебе, не матиме успіху, і кожен язик, що повстане проти тебе на суд, ти засудиш. Це спадщина рабів Господніх...*» — Ісая 54:17

Сьогодні і кожного дня я повністю віддаюся Христу — духом, душею і тілом.

Я зачиняю всі двері — відомі й невідомі — до царства темряви.

Я розриваю всі контакти, контракти, завіти чи спілкування зі злими вівтарями, духами предків, духами-подружжями, окультними товариствами, чаклунством та демонічними союзами — кров'ю Ісуса!

Я заявляю, що я не продається. Я недоступний. Я не підлягаю працевлаштуванню. Мене не беруть на роботу повторно.

Кожне сатанинське відкликання, духовне спостереження чи зле закликання — нехай буде розвіяно вогнем, в ім'я Ісуса!

Я зв'язую себе з розумом Христа, волею Отця та голосом Святого Духа.

Я ходжу у світлі, в істині, в силі, в чистоті та з метою.

Я закривав кожне третє око, психічні ворота та нечестиві портали, що відчинялися через сни, травми, секс, ритуали, медіа чи хибні вчення.

Нехай вогонь Божий поглине кожен незаконний депозит у моїй душі, в ім'я Ісуса.

Я звертаюся до повітря, землі, моря, зірок і небес — ви не будете працювати проти мене.

Кожен прихований вівтар, агент, спостерігач чи шепочучий демон, призначений проти мого життя, родини, покликання чи території — нехай буде роззброєний і замовкне кров'ю Ісуса!

Я занурюю свій розум у Слово Боже.

Я проголошую, що мої сни освячені. Мої думки захищені. Мій сон святий. Моє тіло – храм вогню.

Відтепер я ходжу у всебічному визволенні — нічого прихованого, нічого пропущеного.

Кожне затяжне рабство руйнується. Кожне родове ярмо руйнується. Кожен нерозкаяний гріх викривається та очищається.

Я заявляю:

- **Темрява не має наді мною влади.**
- **Мій будинок — це пожежна зона.**
- **Мої ворота запечатані славою.**
- **Я живу в послуху і ходжу в силі.**

Я повстаю як визволитель для мого покоління.

Я не озиратимуся назад. Я не повернуся назад. Я — світло. Я — вогонь. Я вільний. В ім'я могутнього Ісуса. Амінь!

360° ЩОДЕННЕ ПРОГОЛОШЕННЯ ПРО ВИЗВОЛЕННЯ ТА ПАНУВАННЯ – Частина 2

Захист від чаклунства, чаклунства, некромантів, медіумів та демонічних каналів

Звільнення для себе та інших, які перебувають під їхнім впливом або рабством

Очищення та покриття кров'ю Ісуса

Відновлення цілісності, ідентичності та свободи у Христі

Захист і свобода від чаклунства, медіумів, некромантів та духовного рабства

(через кров Ісуса та слово нашого свідчення)

«І вони перемогли його кров'ю Агнця та словом свого свідчення...»

— *Об'явлення 12:11*

«Господь... руйнує ознаки неправдивих пророків і обманює ворожок... підтверджує слово Свого раба та виконує раду Своїх посланців».

— *Ісая 44:25–26*

«Дух Господній на Мені... щоб проголосити полоненим волю, а зв'язаним — відпущення...»

— *Луки 4:18*

ВСТУПНА МОЛИТВА:

Отче Боже, я сміливо приходжу сьогодні через кров Ісуса. Я визнаю силу в Твоєму імені та проголошую, що Ти єдиний мій визволитель і захисник. Я стою як Твій слуга і свідок, і я проголошую Твоє Слово сьогодні зі сміливістю та владою.

ДЕКЛАРАЦІЇ ПРО ЗАХИСТ ТА ЗВІЛЬНЕННЯ

1. Звільнення від чаклунства, медіумів, некромантів та духовного впливу:

- Я **порушую та відрікаюся** від будь-якого прокляття, заклинання, ворожіння, чарів, маніпуляцій, моніторингу, астральної проекції чи зв'язку душі — вимовленого чи втіленого — через чаклунство, некромантію, медіумів чи духовні канали.
- Я **заявляю**, що **кров Ісуса** проти кожного нечистого духа, який намагається зв'язати, відволікти, обдурити чи маніпулювати мною чи моєю родиною.
- Я наказую, **щоб усі духовні перешкоди, одержимість, гноблення чи рабство душі** були зараз розірвані владою в ім'я Ісуса Христа.
- Я промовляю про **визволення для себе та для кожної людини, яка свідомо чи несвідомо перебуває під впливом чаклунства чи хибного світла**. Виходьте зараз! Будьте вільні, в ім'я Ісуса!
- Я закликаю вогонь Божий **спалити кожне духовне ярмо, сатанинську угоду та вівтар,** зведений у дусі, щоб поневолити або заманити наші долі в пастку.

«Немає чарів проти Якова, і немає ворожіння проти Ізраїля». — *Числа 23:23*

2. Очищення та захист себе, дітей та родини:

- Я благаю кров Ісуса над моїм **розумом, душею, духом, тілом, емоціями, сім'єю, дітьми та роботою.**
- Я заявляю: Я та мій дім **запечатані Святим Духом і сховані з Христом у Бозі.**
- Жодна зброя, створена проти нас, не матиме успіху. Кожен язик, що говорить зло проти нас, буде **засуджений і замовкне** в ім'я Ісуса.

- Я відрікаюся та виганяю будь-якого **духа страху**, мук, плутанини, спокуси чи контролю.

«Я — Господь, що руйнує знаки неправдомовців...» — *Ісая 44:25*

3. Відновлення ідентичності, мети та здорового глузду:

- Я повертаю собі кожну частинку своєї душі та ідентичності, якою я **торгував, яку захопив у пастку або вкрав** через обман чи духовний компроміс.
- Я заявляю: Я маю **розум Христа** і ходжу в ясності, мудрості та владі.
- Я проголошую: Я **звільнений від кожного родового прокляття та домашнього чаклунства**, і я ходжу в заповіті з Господом.

«Бог дав мені не духа страху, але сили, любові та здорового розуму». — *2 Тимофія 1:7*

4. Щоденне покриття та перемога у Христі:

- Я проголошую: Сьогодні я ходжу в божественному **захисті, розсудливості та мирі**.
- Кров Ісуса говорить мені про **кращі речі — захист, зцілення, владу та свободу.**
- Кожне зле завдання, призначене на цей день, скасовано. Я ходжу з перемогою та тріумфом у Христі Ісусі.

«Тисяча може впасти збоку мене, і десять тисяч праворуч мене, але до мене вони не наблизиться...» — *Псалом 91:7*

ЗАКЛЮЧНА ДЕКЛАРАЦІЯ ТА СВІДЧЕННЯ:

«Я долаю всі форми темряви, чаклунства, некромантії, чаклунства, психічних маніпуляцій, втручання в душу та злого духовного перенесення — не своєю силою, а **кров'ю Ісуса та Словом мого свідчення**».

«Я проголошую: **Я визволений. Мій дім визволений.** Кожне приховане ярмо зламане. Кожна пастка викрита. Кожне фальшиве світло згасло. Я ходжу у свободі. Я ходжу в істині. Я ходжу в силі Святого Духа».

«Господь підтверджує слово Свого раба і виконує раду Свого посланця. Так буде сьогодні і щодня відтепер».

В ім'я могутнього Ісуса, **Амінь.**

ПОСИЛАННЯ НА ПИСЬМО:

- Ісая 44:24–26
- Об'явлення 12:11
- Ісая 54:17
- Псалом 91
- Числа 23:23
- Луки 4:18
- Ефесян 6:10–18
- Колосян 3:3
- 2 Тимофія 1:7

360° ЩОДЕННЕ ПРОГОЛОШЕННЯ ПРО ВИЗВОЛЕННЯ ТА ПАНУВАННЯ - Частина 3

« *Господь — вояк, Господь — Його ім'я*». — Вихід 15:3
«*Вони перемогли його кров'ю Агнця та словом свідчення свого...*» — Об'явлення 12:11

Сьогодні я встаю і займаю своє місце у Христі — сідаю на небесах, вище за всі начальства, влади, престоли, панування та кожне ім'я, що називається.

Я ВІДМОВЛЯЮСЯ

Я відмовляюся від усієї відомої та невідомої угоди, клятви чи посвячення:

- Масонство (з 1-го по 33-й ступені)
- Каббала та єврейський містицизм
- Східна Зірка та Розенкрейцери
- Єзуїтські ордени та ілюмінати
- Сатанинські братства та люциферіанські секти
- Морські духи та підводні завіти
- Змії Кундаліні, вирівнювання чакр та активація третього ока
- Обман Нью-Ейдж, Рейкі, християнська йога та астральні подорожі
- Чаклунство, чаклунство, некромантія та астральні контракти
- Окультні зв'язки душі через секс, ритуали та таємні пакти
- Масонські клятви над моїм родоводом та предковим священством

Я перерізаю кожну духовну пуповину, щоб:

- Стародавні криваві вівтарі
- Хибний пророчий вогонь
- Духовні подружжя та загарбники снів
- Сакральна геометрія, світлові коди та доктрини універсального закону
- Лжехристи , звабники та фальшиві святі духи

Нехай кров Ісуса говорить від мого імені. Нехай кожен контракт буде розірвано. Нехай кожен вівтар буде зруйновано. Нехай кожна демонічна ідентичність буде стерта — зараз!

Я ЗАЯВЛЯЮ

Я заявляю:

- Моє тіло – це живий храм Святого Духа.
- Мій розум охороняє шолом спасіння.
- Моя душа щодня освячується омовінням Слова.
- Моя кров очищена Голгофою.
- Мої мрії запечатані у світлі.
- Моє ім'я записане в Книзі Життя Агнця — не в жодному окультному реєстрі, ложі, журналі, сувої чи печатці!

Я НАКАЗУЮ

Я наказую:

- Кожен агент темряви — спостерігачі, монітори, астральні проектори — має бути засліплений і розсіяний.
- Будь-який зв'язок із підземним світом, морським світом та астральним планом — розірваний!
- Кожна темна мітка, імплантат, ритуальна рана чи духовне таврування — нехай буде очищено вогнем!
- Кожен знайомий дух, що шепоче брехню — замовкни зараз!

Я ВІДКЛЮЧУСЯ

Я відмовляюся від:

- Усі демонічні часові лінії, в'язниці для душ та клітки для духів
- Усі рейтинги та ступені таємних товариств
- Усі фальшиві мантії, трони чи корони, які я носив
- Кожна ідентичність, не створена Богом
- Кожен союз, дружба чи стосунки, що підкріплюються темними системами

Я ВСТАНОВЛЮЮ

Я встановлюю:

- Брандмауер слави навколо мене та моєї родини
- Святі ангели біля кожних воріт, порталів, вікон і стежок
- Чистота в моїх медіа, музиці, спогадах та розумі
- Істина в моїй дружбі, служінні, шлюбі та місії
- Нерозривне спілкування зі Святим Духом

Я ПОДАВАМ

Я повністю віддаю себе Ісусу Христу —
Агнцю, що був забитий, Царю, що править, Леву, що реве.
Я обираю світло. Я обираю істину. Я обираю послух.
Я не належу до темних царств цього світу.
Я належу до Царства нашого Бога і Його Христа.

Я ПОПЕРЕДЖАЮ ВОРОГА

Цією декларацією я повідомляю:

- Кожне високопоставлене князівство
- Кожен дух, що панує над містами, кровними лініями та народами
- Кожен астральний мандрівник, відьма, чаклун чи впала зірка…

Я — недоторкана власність.
Моє ім'я не знайдено у ваших архівах. Моя душа не продається. Мої мрії під вашим контролем. Моє тіло — не ваш храм. Моє майбутнє — не ваш ігровий майданчик. Я не повернуся в рабство. Я не повторюватиму цикли предків. Я не нестиму чужий вогонь. Я не буду місцем відпочинку для змій.

Я ПЕЧАТКА

Я скріплюю цю декларацію підписом:

- Кров Ісуса
- Вогонь Святого Духа
- Авторитет Слова
- Єдність Тіла Христового
- Звук мого свідчення

В ім'я Ісуса, Амінь і Амінь

ВИСНОВОК: ВІД ВИЖИВАННЯ ДО СИНІВСТВА — ЗАЛИШАТИСЯ ВІЛЬНИМ, ЖИТИ ВІЛЬНО, ДАВАТИ ІНШИМ ВІЛЬНИМИ

«*Тож стійте міцно у волі, що нею Христос визволив вас, і не зв'язуйтеся знову в ярмо рабства*». — Галатів 5:1

«*Він вивів їх із темряви й тіні смертної, і їхні кайдани розірвав*». — Псалом 107:14

Ці 40 днів ніколи не були лише про знання. Вони були про **війну**, **пробудження** та **ходіння у пануванні**.

Ви бачили, як діє темне царство — непомітно, поколіннями, іноді відкрито. Ви пройшли через ворота предків, царства снів, окультні пакти, глобальні ритуали та духовні муки. Ви зіткнулися зі свідченнями неймовірного болю, але також і **радикального визволення**. Ви зруйнували вівтарі, відреклися від брехні та протистояли речам, які багато проповідників бояться назвати.

АЛЕ ЦЕ НЕ КІНЕЦЬ.

Тепер починається справжня подорож: **Збереження вашої свободи. Життя в Дусі. Навчання інших виходу.**

Легко пережити 40 днів вогню та повернутися до Єгипту. Легко зруйнувати вівтарі, щоб потім знову відбудувати їх у самотності, пожадливості чи духовній втомі.

Не треба.

Ти більше не **раб циклів**. Ти — **вартовий** на стіні. **Вартові** для своєї родини. **Воїн** для свого міста. **Голос** для народів.

7 ОСТАННІХ ЗВИНУВАЧЕНЬ ДЛЯ ТИХ, ХТО ХОДИТИМЕ У ВЛАДУВАННІ

1. **Стережіть свої ворота.**
   Не відчиняйте духовні двері знову через компроміси, бунт, стосунки чи цікавість.
   «Не давайте місця дияволу». — Ефесян 4:27
2. **Дисциплінуйте свій апетит.**
   Піст має бути частиною вашого щомісячного ритму. Він перебудовує душу та тримає вашу плоть у покорі.
3. **Присвятіть себе чистоті**
   емоційній, сексуальній, вербальній, візуальній. Нечистота — це ворота номер один, які використовують демони, щоб знову заповзти.
4. **Опануйте Слово.**
   Писання не є необов'язковим. Це ваш меч, щит і хліб насущний.
   «Слово Христове нехай перебуває у вас рясно...» (Кол. 3:16)
5. **Знайдіть своє плем'я.**
   Визволення ніколи не мало бути призначене для самотніх людей. Будуйте, служіть та зцілюйте у спільноті, сповненій Духа.
6. **Прийміть страждання.**
   Так — страждання. Не всі муки демонічні. Деякі з них освячують. Пройдіть крізь них. Слава попереду.
   «Після того, як ви трохи постраждаєте... Він вас зміцнить, утвердить та утвердить». — 1 Петра 5:10
7. **Навчайте інших.**
   Щиро ви отримали — тепер щедро віддавайте. Допоможіть іншим отримати вільні місця. Почніть зі свого дому, свого кола спілкування, своєї церкви.

ВІД ВИДАЧЕНОГО ДО УЧНЯ

Цей молитовний проповідь — це всесвітній заклик не лише до зцілення, а й до повстання армії.

Настав **час для пастирів**, які відчувають запах війни.

Настав **час для пророків**, які не здригаються перед зміями.

Настав **час для матерів і батьків**, які порушують родові угоди та будують вівтарі істини.

Настав час попередити **народи**, а Церкву більше не мовчати.

ТИ — ЦЕ РІЗНИЦЯ

Куди ти йдеш звідси, важливо. Те, що ти несеш, має значення. Темрява, з якої тебе витягли, — це та сама територія, над якою ти тепер маєш владу.

Визволення було твоїм правом від народження. Панування — це твоя мантія.

Тепер пройдіться по ньому.

ОСТАННЯ МОЛИТВА

Господи Ісусе, дякую Тобі, що ходиш зі мною ці 40 днів. Дякую Тобі, що викриваєш темряву, розриваєш кайдани та кличеш мене на вище місце. Я відмовляюся повертатися. Я порушую кожну угоду зі страхом, сумнівом та невдачею. Я приймаю своє царське призначення зі сміливістю. Використовуй мене, щоб звільняти інших. Наповнюй мене Святим Духом щодня. Нехай моє життя стане зброєю світла — у моїй родині, в моїй нації, в Тілі Христовому. Я не мовчатиму. Я не буду переможений. Я не здамся. Я йду від темряви до панування. Назавжди. В ім'я Ісуса. Амінь.

Як народитися знову та розпочати нове життя з Христом

Можливо, ви вже ходили з Ісусом раніше, або, можливо, ви щойно зустріли Його протягом цих 40 днів. Але зараз щось у вас ворушиться.

Ти готовий до більшого, ніж просто релігія.

Ти готовий до **стосунків**.

Ти готовий сказати: «Ісусе, Ти мені потрібен».

Ось правда:

«Бо всі ми згрішили, і всі ми не досягли Божої слави... проте Бог у Своїй благодаті виправдовує нас перед Собою».

— Римлян 3:23–24 (NLT)

Ти не можеш заслужити спасіння.

Ти не можеш виправити себе сам. Але Ісус уже заплатив повну ціну — і Він чекає, щоб прийняти тебе додому.

Як народитися знову

НАРОДИТИСЯ ЗНОВУ ОЗНАЧАЄ віддати своє життя Ісусу — прийняти Його прощення, повірити в те, що Він помер і воскрес, і прийняти Його як свого Господа і Спасителя.

Це просто. Це потужно. Це змінює все.

Помоліться вголос:

«ГОСПОДИ ІСУСЕ, Я ВІРЮ, що Ти — Син Божий.

Я вірю, що Ти помер за мої гріхи та воскрес.

Я зізнаюся, що згрішив/згрішила, і мені потрібне Твоє прощення.

Сьогодні я каюся та відвертаюся від своїх старих шляхів.

Я запрошую Тебе у своє життя, щоб Ти був моїм Господом і Спасителем.

Омий мене. Наповни мене Своїм Духом.

Я проголошую, що я народжений/народжена знову, прощений/прощена і вільний/вільна.

Від цього дня я йтиму за Тобою —

і житиму Твоїми слідами.

Дякую Тобі за те, що врятував/спаслала мене. В ім'я Ісуса, амінь».

Наступні кроки після спасіння

1. **Розкажіть комусь** – поділіться своїм рішенням з людиною, якій ви довіряєте.
2. **Знайдіть церкву, що дотримується Біблії** – приєднуйтесь до спільноти, яка навчає Божому Слову та живе ним. Відвідайте онлайн-службу служіння «God's Eagle» за посиланням https://www.otakada.org [1] або https://chat.whatsapp.com/H67spSun32DDTma8TLh0ov
3. **Охрестіться** – зробіть наступний крок, щоб публічно заявити про свою віру.
4. **Читайте Біблію щодня** – почніть з Євангелія від Івана.
5. **Моліться щодня** – розмовляйте з Богом як з другом і Батьком.
6. **Залишайтеся на зв'язку** – оточуйте себе людьми, які підтримують ваш новий спосіб життя.
7. **Розпочніть процес учнівства в громаді** – Розвивайте особисті стосунки з Ісусом Христом за цими посиланнями

40-денне учнівство 1 - https://www.otakada.org/get-free-40-days-online-discipleship-course-in-a-journey-with-jesus/

40 Учнівство 2 - https://www.otakada.org/get-free-40-days-dna-of-discipleship-journey-with-jesus-series-2/

---

1. https://www.otakada.org

Моя мить спасіння

Дата : _____
  Підпис : _____

«Хто в Христі, той нове створіння; старе минуло, а тепер нове сталося!»
  — 2 Коринтян 5:17

Свідоцтво про нове життя у Христі

Декларація про спасіння – Народжений знову благодаттю

Це засвідчує, що

_____

(ПОВНЕ ІМ'Я)

публічно проголосив **віру в Ісуса Христа** як Господа і Спасителя та отримав безкоштовний дар спасіння через Його смерть і воскресіння.

«*Якщо ти відкрито визнаєш, що Ісус є Господом, і віруватимеш у своєму серці, що Бог воскресив Його з мертвих, то будеш спасенний*» — Римлян 10:9 (NLT)

У цей день небеса радіють і починається нова подорож.

Дата рішення : _____

Підпис : _____

Декларація про спасіння

«СЬОГОДНІ Я ВІДДАЮ своє життя Ісусу Христу.

Я вірю, що Він помер за мої гріхи та воскрес. Я приймаю Його як свого Господа і Спасителя. Мені прощено, я народжений знову і оновлений. Відтепер я ходитиму Його слідами».

Ласкаво просимо до Божої родини!

ТВОЄ ІМ'Я ЗАПИСАНЕ в Книзі Життя Агнця.

Твоя історія тільки починається — і вона вічна.

ЗВ'ЯЖІТЬСЯ З МІНІСТЕРСТВАМИ "БОЖИЙ ОРЕЛ"

- Вебсайт: www.otakada.org[1]
- Серія «Багатство поза турботами»: www.wealthbeyondworryseries.com[2]
- Електронна пошта: ambassador@otakada.org

- **Підтримайте цю роботу:**

Підтримуйте проекти царства, місії та безкоштовні глобальні ресурси через пожертви, керовані завітами.
Відскануйте QR-код, щоб зробити пожертву
https://tithe.ly/give?c=308311
Ваша щедрість допомагає нам охопити більше душ, перекласти ресурси, підтримувати місіонерів та будувати системи учнівства в усьому світі.
Дякуємо!

---

1. https://www.otakada.org
2. https://www.wealthbeyondworryseries.com

3. ПРИЄДНУЙТЕСЬ ДО нашої спільноти WhatsApp Covenant

Отримуйте оновлення, матеріали для роздумів та спілкуйтеся з віруючими, які дотримуються завітів, по всьому світу.

Відскануйте, щоб приєднатися

https://chat.whatsapp.com/H67spSun32DDTma8TLh0ov

РЕКОМЕНДОВАНІ КНИГИ ТА РЕСУРСИ

- *Звільнений від влади темряви* (М'яка обкладинка) — Купити тут [1]| Електронна книга [2] на Amazon [3]

- Найкращі відгуки зі Сполучених Штатів:
  - **Клієнт Kindle** : «Найкраща християнська книга для читання!» (5 зірок)

---

1. https://shop.ingramspark.com/b/084?params=oeYbAkVTC5ao8PfdVdzwko7wi6IQimgJY2779NaqG4e
2. https://www.amazon.com/Delivered-Power-Darkness-AFRICAN-DELIVERED-ebook/dp/B0CC5MM4MV
3. https://www.amazon.com/Delivered-Power-Darkness-AFRICAN-DELIVERED-ebook/dp/B0CC5MM4MV

СЛАВА ІСУСУ ЗА ЦЕ СВІДЧЕННЯ. Я був так благословенний і рекомендую всім прочитати цю книгу... Бо заплата за гріх — смерть, а дар Божий — вічне життя. Шалом! Шалом!

- **Da Gster** : «Це дуже цікава і доволі дивна книга». (5 зірок)

Якщо те, що написано в книзі, правда, то ми справді значно відстаємо від того, на що здатний ворог! ... Обов'язкова книга для кожного, хто хоче дізнатися про духовну війну.

- **Visa** : «Люблю цю книгу» (5 зірок)

Це відкриття... справжнє зізнання... Останнім часом я шукала це всюди, щоб купити. Так рада, що придбала це на Amazon.

- **FrankJM** : «Зовсім інакше» (4 зірки)

Ця книга нагадує мені, наскільки справжньою є духовна війна. Вона також нагадує мені про причину, чому варто одягатися в «повні Божі обладунки».

- **ДженДжен** : «Усі, хто хоче потрапити до раю, – прочитайте це!» (5 зірок)

Ця книга так сильно змінила моє життя. Разом зі свідченнями Джона Раміреса вона змусить вас по-іншому поглянути на свою віру. Я перечитав її 6 разів!

- *Колишній сатаніст: Обмін Джеймсом* (М'яка обкладинка) — Купити тут [4] | Електронна книга [5] на Amazon [6]

---

4. https://shop.ingramspark.com/b/084?params=I2HNGtbqJRbal8OxU3RMTApQsLLxcUCTC8zUdzDy0W1

5. https://www.amazon.com/JAMESES-Exchange-Testimony-High-Ranking-Encounters-ebook/dp/B0DJP14JLH

6. https://www.amazon.com/JAMESES-Exchange-Testimony-High-Ranking-Encounters-ebook/dp/B0DJP14JLH

- ***СВІДЧЕННЯ КОЛИШНЬОГО АФРИКАНСЬКОГО САТАНІСТА -*** *Пастор ЙОНАС ЛУКУНТУ МПАЛА* (М'яка обкладинка) — Купити тут [7]| Електронна книга [8] на Amazon [9]

- *Великі подвиги 14* (М'яка обкладинка) — Купити тут [10]| Електронна книга [11] на Amazon [12]

---

7. https://shop.ingramspark.com/b/ 084?params=0Aj9Sze4cYoLM5OqWrD20kgknXQQqO5AZYXcWtoMqWN

8. https://www.amazon.com/TESTIMONY-African-EX-SATANIST-Pastor-Jonas-ebook/dp/ B0DJDLFKNR

9. https://www.amazon.com/TESTIMONY-African-EX-SATANIST-Pastor-Jonas-ebook/dp/ B0DJDLFKNR

10. https://shop.ingramspark.com/b/084?params=772LXinQn9nCWcgq572PDsqPjkTJmpgSqrp88b0qzKb

11. https://www.amazon.com/Greater-Exploits-MYSTERIOUS-Strategies-Countermeasures-ebook/dp/ B0CGHYPZ8V

12. https://www.amazon.com/Greater-Exploits-MYSTERIOUS-Strategies-Countermeasures-ebook/dp/ B0CGHYPZ8V

- *«З диявольського казана»* Джона Раміреса — доступно на Amazon[13]
- *Він прийшов, щоб звільнити полонених,* автор Ребекка Браун — Знайти на Amazon[14]

Інші книги, видані автором – понад 500 назв
«Кохані, обрані та цілісність : 30-денна подорож від відторгнення до **відновлення»** , перекладена 40 мовами світу
https://www.amazon.com/Loved-Chosen-Whole-Rejection-Restoration-ebook/dp/B0F9VSD8WL
https://shop.ingramspark.com/b/084?params=xga0WR16muFUwCoeMUBHQ6HwYjddLGpugQHb3DVa5hE

---

13. https://www.amazon.com/Out-Devils-Cauldron-John-Ramirez/dp/0985604306
14. https://www.amazon.com/He-Came-Set-Captives-Free/dp/0883683239

Його слідами — 40-денний челендж WWJD: Життя, як Ісус, у реальних історіях з усього світу

https://www.amazon.com/His-Steps-Challenge-Real-Life-Stories-ebook/dp/B0FCYTL5MG

https://shop.ingramspark.com/b/084?params=DuNTWS59IbkvSKtGFbCbEFdv3Zg0FaITUEvlK49yLzB

ІСУС БІЛЯ ДВЕРЕЙ:
40 роздираючих серце історій та останнє попередження Небес для сучасних церков

https://www.amazon.com/dp/B0FDX31L9F

https://shop.ingramspark.com/b/084?params=TpdA5j8WPvw83glJ12N1B3nf8LQte2a1lIEy32bHcGg

ЖИТТЯ ЗА ЗАВІТОМ: 40 днів ходіння в благословенні Повторення Закону 28

- https://www.amazon.com/dp/B0FFJCLDB5

Історії від реальних людей, справжнього послуху та справжнього

https://shop.ingramspark.com/b/084?params=bH3pzfz1zdCOLpbs7tZYJNYgGcYfU32VMz3J3a4e2Qt

Трансформація більш ніж 20 мовами

ЗНАЙОМИЙ ЇЇ І ЗНАЙОМИЙ ЙОГО:
40 днів до зцілення, розуміння та тривалого кохання

HTTPS://WWW.AMAZON.com/KNOWING-HER-HIM-Healing-Understanding-ebook/dp/B0FGC4V3D9[15]

https://shop.ingramspark.com/b/084?params=vC6KCLoI7Nnum24BVmBtSme9i6k59p3oynaZOY4B9Rd

ЗАВЕРШЕННЯ, А НЕ КОНКУРЕНЦІЯ:
40-денна подорож до мети, єдності та співпраці

---

[15]. https://www.amazon.com/KNOWING-HER-HIM-Healing-Understanding-ebook/dp/B0FGC4V3D9

HTTPS://SHOP.INGRAMSPARK.com/b/
084?params=5E4v1tHgeTqOOuEtfTYUzZDzLyXLee30cqYo0Ov9941[16]
https://www.amazon.com/COMPLETE-NOT-COMPETE-Journey-Collaboration-ebook/dp/B0FGGL1XSQ/

БОЖЕСТВЕННИЙ КОД ЗДОРОВ'Я - 40 щоденних ключів для активації зцілення через Боже Слово та Творіння. Розкрийте цілющу силу рослин, молитви та пророчих дій.

---

16. https://shop.ingramspark.com/b/084?params=5E4v1tHgeTqOOuEtfTYUzZDzLyXLee30cqYo0Ov9941

https://shop.ingramspark.com/b/
084?params=xkZMrYcEHnrJDhe1wuHHYixZDViiArCeJ6PbNMTbTux
https://www.amazon.com/dp/B0FHJT42TK

ІНШІ КНИГИ МОЖНА ЗНАЙТИ на сторінці автора
https://www.amazon.com/stores/Ambassador-Monday-O.-Ogbe/author/
B07MSBPFNX

ДОДАТОК (1-6): РЕСУРСИ ДЛЯ ЗБЕРЕЖЕННЯ СВОБОДИ ТА ГЛИБШОГО ВИВІЛЬНЕННЯ

ДОДАТОК 1: Молитва для розпізнавання прихованого чаклунства, окультних практик або дивних вівтарів у церкві

«*Сину людський, чи бачиш ти, що вони роблять у темряві...?*» — Єзекіїля 8:12

«*І не беріть участі в безплідних ділах темряви, а радше викривайте їх.*» — Ефесян 5:11

Молитва за розпізнання та викриття:

Господи Ісусе, відкрий мої очі, щоб я побачив те, що бачиш Ти. Нехай кожен дивний вогонь, кожен таємний вівтар, кожна окультна операція, що приховується за кафедрами, лавами чи практиками, буде викрита. Зніми завіси. Вияви ідолопоклонство, замасковане під поклоніння, маніпуляції, замасковані під пророцтво, та збочення, замасковане під благодать. Очисти мою місцеву громаду. Якщо я є частиною скомпрометованої спільноти, приведи мене до безпеки. Збудуй чисті вівтарі. Очисти руки. Святі серця. В ім'я Ісуса. Амінь.

ДОДАТОК 2: Протокол відмови від медіа та очищення

«*Не поставлю перед очима своїми нічого несправедливого...*» — Псалом 101:3

Кроки для очищення вашого медіа-життя:

1. **Перевірте** все: фільми, музику, ігри, книги, платформи.
2. **Запитайте:** Чи прославляє це Бога? Чи відкриває це двері до темряви (наприклад, жахів, похоті, чаклунства, насильства чи тем нью-ейдж)?
3. **Відмова**:

«Я відрікаюся від кожного демонічного порталу, відкритого через безбожні медіа. Я від'єдную свою душу від усіх зв'язків зі знаменитостями, творцями, персонажами та сюжетними лініями, яким надано силу ворогом».

1. **Видалити та знищити**: фізичне та цифрове видалення контенту.
2. **Замініть** благочестивими альтернативами — поклонінням, вченнями, свідченнями, корисними фільмами.

ДОДАТОК 3: Масонство, Каббала, Кундаліні, Чаклунство, Сценарій окультного зречення

«*Не майте нічого спільного з марними ділами темряви...*» — Ефесян 5:11

Скажіть вголос:

В ім'я Ісуса Христа я відмовляюся від будь-якої клятви, ритуалу, символу та посвячення в будь-яке таємне товариство чи окультний орден — свідомо чи несвідомо. Я відкидаю всі зв'язки з:

- **Масонство** – усі ступені, символи, криваві клятви, прокляття та ідолопоклонство.
- **Каббала** – єврейський містицизм, читання Зогару, заклинання дерева життя або ангельська магія.
- **Кундаліні** – відкриття третього ока, пробудження йоги, зміїний вогонь та вирівнювання чакр.
- **Чаклунство та Нью-ейдж** – астрологія, таро, кристали, місячні ритуали, подорожі душі, рейкі, біла або чорна магія.
- **Розенкрейцери**, ілюмінати, Череп і кістки, єзуїтські клятви, ордени друїдів, сатанізм, спіритизм, сантерія, вуду, вікка, телема, гностицизм, єгипетські містерії, вавилонські обряди.

Я анулюю кожен завіт, укладений від мого імені. Я розриваю всі зв'язки в моїй кровній лінії, у моїх снах чи через душевні зв'язки. Я віддаю все своє єство Господу Ісусу Христу — дух, душу і тіло. Нехай кожен демонічний портал буде назавжди закритий кров'ю Агнця. Нехай моє ім'я буде очищене від кожного темного реєстру. Амінь.

ДОДАТОК 4: Посібник з активації олії помазання

«Хтось із вас страждає? Нехай молиться. Хтось із вас хворий? Нехай покличуть пресвітерів... помажте його олією в ім'я Господнє». — Якова 5:13–14

Як використовувати олію помазання для визволення та панування:

- **Лоб** : Оновлення розуму.
- **Вуха** : Розпізнавання голосу Бога.
- **Живіт** : Очищення осередку емоцій та духу.
- **Ноги** : Крокування до божественної долі.
- **Двері/Вікна** : Закриття духовних воріт та очищення домівок.

Проголошення під час помазання:

«Я освячую цей простір і посудину єлеєм Святого Духа. Жоден демон не має сюди законного доступу. Нехай слава Господня перебуває в цьому місці».

ДОДАТОК 5: Відмова від третього ока та надприродного зору з окультних джерел

Скажіть вголос:

«В ім'я Ісуса Христа я відмовляюся від кожного відкриття мого третього ока — чи то через травму, йогу, астральні подорожі, психоделіки чи духовні маніпуляції. Я прошу Тебе, Господи, закрити всі незаконні портали та запечатати їх кров'ю Ісуса. Я відпускаю кожне бачення, осяяння чи надприродну здатність, які не походять від Святого Духа. Нехай кожен демонічний спостерігач, астральний проектор чи сутність, що стежить за мною, буде засліплений та зв'язаний в ім'я Ісуса. Я обираю чистоту замість влади, близькість замість осяяння. Амінь».

ДОДАТОК 6: Відеоресурси зі свідченнями для духовного зростання

1) почати з 1,5 хвилини - https://www.youtube.com/watch?v=CbFRdraValc

2) https://youtu.be/b6WBHAcwN0k?si=ZUPHzhDVnn1PPIEG

3) https://youtu.be/XvcqdbEIO1M?si=GBlXg-cO-7f09cR[1]

4) https://youtu.be/jSm4r5oEKjE?si=1Z0CPgA33S0Mfvyt

5) https://youtu.be/B2VYQ2-5CQ8?si=9MPNQuA2f2rNtNMH

6) https://youtu.be/MxY2gJzYO-U?si=tr6EMQ6kcKyjkYRs

7) https://youtu.be/ZW0dJAsfJD8?si=Dz0b44I53W_Fz73A

8) https://youtu.be/q6_xMzsj_WA?si=ZTotYKo6Xax9nCWK

9) https://youtu.be/c2ioRBNriG8?si=JDwXwxhe3jZlej1U

10) https://youtu.be/8PqGMMtbAyo?si=UqK_S_hiyJ7rEGz1

11) https://youtu.be/rJXu4RkqvHQ?si=yaRAA_6KIxjm0eOX

12) https://youtu.be/nS_Insp7i_Y?si=ASKLVs6iYdZToLKH

13) https://youtu.be/-EU83j_eXac?si=-jG4StQOw7S0aNaL

14) https://youtu.be/_r4Jyzs2EDk?si=tldAtKOB_3-J_j_C

15) https://youtu.be/KiiUPLaV7xQ?si=I4x7aVmbgbrtXF_S

16) https://youtu.be/68m037cPEu0?si=XpuyyEzGfK1qWYRt

17) https://youtu.be/z4zlp9_aRQg?si=DR3lDYTt632E96a6

18) https://youtube.com/shorts/H_90n-QZU5Q?si=uLPScVXm81DqU6ds

---

1. https://youtu.be/XvcqdbEIO1M?si=GBlXg-c-O-7f09cR

З цим не можна гратися

Звільнення — це не розвага. Це війна.

Зречення без покаяння — це просто шум. Цікавість — це не те саме, що поклик. Є речі, від яких не оговтаєшся просто так.

Тож порахуйте ціну. Ходіть у чистоті. Стережіть свої ворота.

Бо демони не поважають шум — лише владу.